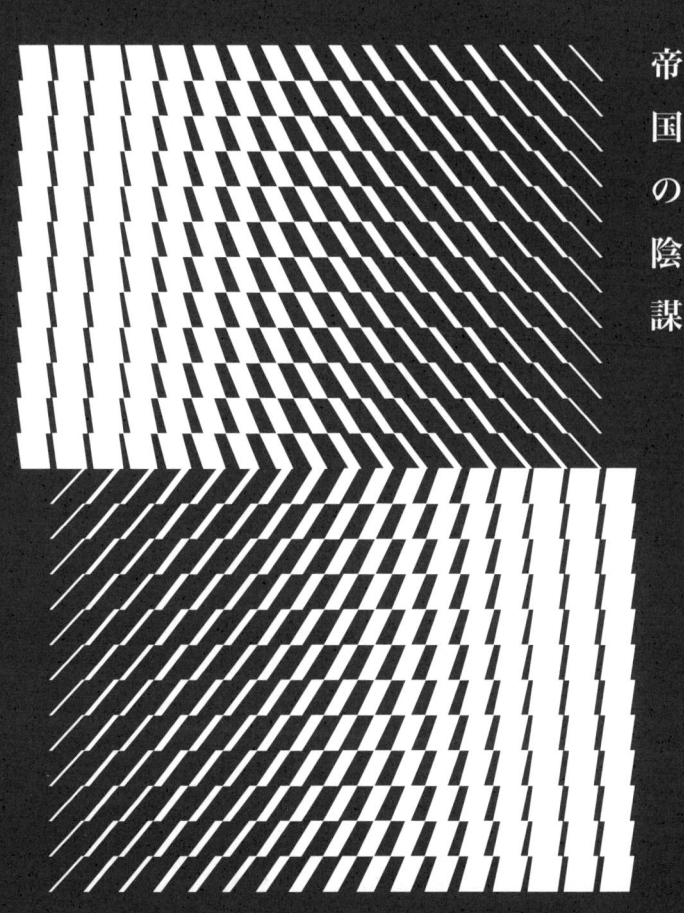

帝国の陰謀

TEIKOKU NO INBO

Copyright © Shiguéhiko Hasumi 2018. All right reserved.

Korean translation rights arrangement with CHIKUMASHOBO LTD.
through Japan UNI Agency, Inc., Tokyo and Shinwon Agency Co.,
Seoul.

Korean Translation Copyright © 2025 by Moonji Publishing Co., Ltd.

이 책의 한국어판 저작권은 Shinwon Agency를 통해 저작권자와 독점 계약한
㈜문학과지성사에 있습니다. 저작권법에 의해 한국 내에서 보호받는 저작물이
므로 무단 전재 및 복제를 금합니다.

제국의 음모

帝国の陰謀

하스미 시게히코   임재철 옮김   문학과지성사

옮긴이 임재철

영화평론가. 서울대 신문학과를 졸업하고, 『중앙일보』 기자로 일했다. 그 후 서울 시네마테크 대표, 광주영화제 수석 프로그래머로 활동했다. 현재 출판사 이모션북스를 운영하고 있다. 엮은 책으로 『알랭 레네』 『장 마리 스트라우브|다니엘 위예』 등이, 옮긴 책으로 『앙드레 바쟁』 『정신의 위기: 폴 발레리 비평선』 『영화로서의 영화』 등이 있다.

채석장
제국의 음모

제1판 제1쇄 2025년 4월 18일

지은이 하스미 시게히코
옮긴이 임재철
펴낸이 이광호
주간 이근혜
편집 김현주 최대연 홍근철
마케팅 이가은 허황 최지애 남미리 맹정현
제작 강병석
펴낸곳 ㈜문학과지성사
등록번호 제1993-000098호
주소 04034 서울 마포구 잔다리로7길 18(서교동 377-20)
전화 02)338-7224
팩스 02)323-4180(편집) 02)338-7221(영업)
대표메일 moonji@moonji.com
저작권 문의 copyright@moonji.com
홈페이지 www.moonji.com

ISBN 978-89-320-4364-7 93920

차례

7   1장 사생아
23   2장 음모
39   3장 결단
55   4장 서명
71   5장 의장
85   6장 희가극
101 7장 반복

117 저자 후기
119 문고판 후기
124 서지사항

127 해설 | 이리에 데츠로
      고귀한 '사생아'와 가짜 백작
145 옮긴이의 말 | 임재철
      본편을 능가하는, B-movie로서의 『제국의 음모』

일러두기

1   이 책은 蓮實重彦의 帝国の陰謀, 筑摩書房, 2018(원저는 1991년)를
    저본으로 삼아 우리말로 옮긴 것이다.
2   모든 주석은 옮긴이가 붙인 것이다. 참고문헌은 한국어판이 있는
    경우 각주와 서지사항에 한국어판 서지 정보를 밝혔다.
3   단행본, 잡지 등에는 『』를, 논문, 글 등에는 「」를, 영화, 연극 등에는
    〈〉를 사용했다.
4. 원문에서 강조된 부분은 볼드체로 표시했다.

1장
사생아

한때 한 나라의 왕비 지위까지 올랐던 고귀한 여성을 어머니로 두고 세상에 태어났지만, 아버지로부터 친자라고 인정받지 못할 부정한 정교情交를 통해 태어난 아이였기에 태어나자마자 어머니로부터 떨어져 아주 애매한 인물의 호적에 적자嫡子로 등록되어, 결국 아버지 쪽 할머니에 의해 양육되었으며, 타고난 혈통의 정통성과는 무관한 세계에서 그 나름의 명성에 쌓기에 이른 한 명의 '사생아'가, 장년의 나이에 접어들어 그와 같은 어머니를 둔 의붓형을 만나게 되면서, 마치 예정된 행동이기라도 하듯 정치권력의 중추를 향한 변신을 시도하게 된다. 국왕과 왕비를 양친으로 둔 정통 황태자인데도 불구하고, 국제적인 정치역학의 복잡한 흐름에 휩쓸려 왕실에 머물지 못하고 이웃 나라에서 망명 생활을 하지 않을 수 없었던 의붓형이 명예로운 일족一族의 복권이라는 야심을 실현하기 위해 움직이면서, 정치가로서 그리 긴 경력을 자랑하는 것도 아닌 '사생아' 의붓동생에게 은밀하게 협력을 요청했기 때문이다. 그 정치적 야심의 달성에 힘을 보태달라는 요청을 받아들이기까지는 역시 많은 알력이 있었지만, 의붓형으로서는 필시 조국이라고 부르기도 힘들 국가의 정권을 비합법적인 수단으로 탈취하려는 시도에 가담할 각오를 한 '사생아' 의붓동생은, 쿠데타 실행에서 냉철하고 현실주의적인 흑막 역할을 맡게 될 것이다. 이 형제가 손을 맞잡고 벌인 음모는 결국 성공을 거두고, 의붓형은 황제 자리에 앉게 된다. '사생아'

의붓동생도 그 성립에 힘을 보탰던 제국의 권력기구의 중추에 몸을 담아, 내무대신을 거쳐 입법원 의장에 이르는 요직을 역임하게 될 것이다. 빼어난 사교술을 지녔던 이 '사생아'는 황제가 된 의붓형과 함께 제국의 번영을 구가했으며, 만년이라 하기에는 꽤 이른 장년기에 러시아 대사에 임명되어 슬라브계 명문가의 딸과 결혼했고, 의붓형이 황제 자리에서 쫓겨나기 수년 전 그 우아하고 파란만장한 50여 년 생애를 마치기에 이른다.

고귀한 신분인 어머니의 밀통密通을 사람들의 눈에서 숨기기 위해 '수양아들'로 보내져(실제로 이 사실이 널리 알려지는 데는 별로 시간이 걸리지 않았다), 말하자면 '버림받은 자식'이기도 한 '사생아'로서 타인의 가족의 일원이 될 수밖에 없었지만, 이윽고 한 나라 권력의 일단一端을 장악하고 그 중추에 몸을 담기까지 한 이 사내의 일생은, 어딘가 오리구치 시노부의 '귀종유리담'[1]을 연상케 하는 면이 있으며, 또 프로이트의 '가족소설' 개념을 발전시켰던 마르트 로베르에 의한 소설 이론의 어떤 측면을 충실하게 모방하고 있는 듯 보이기도 한다.[2] 굳이 마르트 로베르를 들먹이지 않아도 이 '사생아'의

1   귀종유리담貴種流離譚은 민속학자 오리구치 시노부折口信夫가 정의한 일본의 전통적인 이야기(모노가타리物語)의 한 유형이다. 특별한 신분에 속한 인물이 방랑하며 시련을 겪지만 이를 이겨내고 고귀한 존재가 되는 이야기를 가리킨다.
2   프로이트의 가족소설family romance이란 어린아이가 이상화된

행동에서 '오이디푸스적'인 메커니즘을 인식하는 건 정말 쉬운 일이지만, 신화도 소설도 아니고 하물며 임상 사례도 아닌, 지금으로부터 1세기 반 정도 전 프랑스의 '제2제정기'라고 불리는 시대를 확실한 역사적 현실로 살아냈던 이 '사생아'의 정치적 생애를, 이야기의 서사론적 구조 분석을 통해 그 무의식의 영역에 이르기까지 주도면밀하게 되돌아보는 일은 당장 흥미의 중심은 아니다.

과연 '쌍둥이' 같다고 일컬어도 무방할 이 한 쌍의 의붓형제에 의한 비합법적인 권력 탈취 이야기는, 과거 『소설에서 멀리 떨어져』[3]에서 분석한 적 있는 1970년대부터 1980년대까지 이어진 일본 장편소설의 서사론적 모델과 닮은 구석이 적지 않다. 특히 '보물찾기' 모험담에서의 쌍둥이 형제의 협력 에피소드와 유사하다는 점은 부정하기 어렵고, 프랑스의 '제2제정기'와 일본의 포스트 산업사회의 은밀한 통저성通底性에 대해 언급하고 싶다는 유혹도 느끼지만, 이러한 사실에 대한 지적도 지금은 그리 중요하지 않다. 나중에 이 지점으로 되돌

> 부모와 현실의 부모 사이의 괴리를 깨닫고, 자신을 고귀한 신분 출신의 업둥이 또는 사생아라고 상상하게 되는 것을 말한다. 마르트 로베르Marthe Robert는 이러한 어린아이의 심리와 소설 장르가 동일한 허구를 보여주고 있으며, 모든 소설의 뿌리에 업둥이 또는 사생아 계열의 가족소설이 놓여 있다고 주장한다.
> 3 『소설에서 멀리 떨어져小説から遠く離れて』는 하스미 시게히코가 1989년 발간한 소설론집이다.

아오겠지만, 이제부터 시도하려는 것은 결국 제국의 권력을 장악한 이 '사생아'가 쓴 두 편의 글을 그저 읽어보는 것이다. 그가 의붓형의 요청을 받아 막 내무대신에 취임한 1851년과 내무대신을 사임하고 입법원 의장을 하고 있던 1861년에 쓴 두 편의 완전히 이질적인 글을, 10년이라는 세월의 거리가 있긴 하지만, 동일한 집필자의 펜이 엮어낸 텍스트라는 측면에서 읽어보는 일이 당장 흥미의 중심이 될 것이다.

물론 문학사에 이름을 남긴 것도 아닌 권력자의 문장을 고도의 예술적 달성으로 여길 이유는 전혀 없으며, 그 속에 감춰진 문학적 의의를 발견하는 것도 이 언설의 의도는 아니다. 여기서 목적은 내무대신과 입법원 의장을 역임한 '사생아'가 남긴 두 편의 텍스트 사이의 기묘하게 얽힌 관계의 해독이며, 이는 각각의 필치에 대한 질적 음미와도, 그것이 이야기하는 내용의 분석과도, 혹은 그 상징적인 의미의 파악과도 다른 독해 방식을 요청할 것이다. 하지만 그러한 작업에 들어가기 전에, 분석 대상인 두 편의 문헌을 쓴 저자에 관한 정보를 정리해둘 필요가 있을 것이다.

일국의 내무대신과 입법원 의장을 역임할 정도니까, 이제부터 읽을 두 편의 텍스트의 저자는 결코 무명이 아니며, 당시 정도는 아니지만 지금도 충분히 알려진 이름이라 할 수 있다. 여기서는 우선 그 이름과 그 자신의 관계가 정통적이라고 하기 어렵다는 사실을 다시 한번 지적한 후에 이야기를 진전시키기로 하자. 왜냐하면 이 사실이 각각의 텍스트의 저자 서명과 관련이 있기 때문이다.

실제로 전 네덜란드 왕비 오르탕스⁴와 프랑스 장군 플라오 백작Charles de Flahaut 사이의 '사생아'로 1811년 10월 23일에 파리에서 태어나, 다음 날 구舊제도 아래에서 기사 칭호를 갖고 있던 생도맹그 출신인 드모르니Auguste Jean Hyacinthe Demorny의 호적에 입적했고, 그 이름을 계승해서 샤를 오귀스트 루이 조제프Charles Auguste Louis Joseph로 성장하게 되는 이 '사생아'는, 어떠한 특권적인 지위에 앉으려고 해도 평생 스스로를 '타인의 이름'으로 칭하면서 보낼 수밖에 없는 신분에 머물렀으며, '아버지의 이름'으로부터 더욱더 멀어질 수밖에 없었다. 그가 '타인의 이름'에 가했던 유일한 개인적인 수정은, 성인 드모르니Demorny의 '드de'를 '모르니Morny'에서 분리해서 약간의 귀족적 색조를 띠게 하는 정도에 그친다.

그리하여 1851년 12월 2일이라는 쿠데타 당일의 날짜가 찍힌 순전히 행정적인 공식 문서에 '내무대신 드 모르니'라고 서명한 그는, 권력을 한 손에 장악한 의붓형의 권위를 전 국민

---

4 오르탕스Hortense de Beauharnais(1783~1837)는 나폴레옹 1세Napoléon Bonaparte의 부인 조제핀Joséphine de Beauharnais과 전 남편 사이에 태어난 딸이다. 나중에 나폴레옹 1세의 동생 루이 보나파르트Louis Napoléon Bonaparte와 결혼해 네덜란드의 왕비가 되었다.

에게 알리는 실천적인 효과가 기대되는 극히 정치적인 행동에서조차, 어디까지나 '타인의 이름'으로 행동하지 않을 수 없었다. 드 모르니라는 고유명사가 자신의 혈통과는 일절 관계없이 주어진 일시적 이름에 지나지 않는다는 점은 앞서 본 대로이며, 드 모르니라는 귀족적인 서명에도 불구하고 내무대신으로서 새로운 행정 조치를 선포하고 있는 이가 다름 아닌 황제의 의붓동생이기도 한 고귀한 '사생아'라는 사실을 알지 못하는 사람은 아무도 없었다.

이 정치적 문서와 함께 우리가 읽게 될 또 하나의 텍스트는 쿠데타를 감행하고 10년이 지난 1861년 5월 31일에 입법원 의장 관저에서 상연된 단막으로 된 오페레타 부파[5]의 각본인데, 의장 드 모르니 본인이 공식 행사의 여흥을 위해 희가극 대본을 집필하기도 했다는 것은 잘 알려진 일이었다. 하지만 정치적인 문장이라기보다는 예술적인 문장으로 우선적으로 분류되어야 할 이 텍스트에서는, '입법원 의장 드 모르니'의 서명을 찾아볼 수 없다. 같은 해 미셀 레비 출판사에서 간행된 책자에도 '드 생 레미M. de St. Rémy 씨와 오펜바흐 씨'[6]가 함께

5 오페레타 부파Operetta Buffa는 오페라의 한 장르로, 희극적이고 익살스러운 내용을 담고 있는 가극이다. 일반적으로 오페라 부프 혹은 오페레타라고 칭하지만, 하스미는 이 책에서 오페레타 부파라는 용어를 주로 사용한다.
6 자크 오펜바흐Jacques Offenbach(1819~1880)는 독일 태생의 프랑스 작곡가로, 오페레타의 발전에 결정적인 영향을 미쳤다.

작업한 오페레타 부파라고만 기록되어 있다. 그러나 이 '드 생레미'라는 이름이 다름 아닌 드 모르니의 필명이라는 것 또한 이미 널리 알려진 사실이었다.

그렇다면 실천적인 효과를 가져야 할 정치적인 문서에는 '타인의 이름'으로 서명하고, 기분풀이를 목적으로 쓴 예술적인 '소일거리'에는 타인의 이름도 아닌 '가짜 이름'으로 서명한 인물의 신분을 보증하는 것은 도대체 어디에 있는가?

실제로 여러 기회에 사람들의 시선에 드러나게 되는 이 '사생아'의 이름은 어디까지나 그 자신이 이어받은 핏줄과는 이질적이다. 어쩌면 이 고귀한 '사생아'는 자기동일성의 애매함 자체가 하나의 무기가 될 수 있는 시대의 도래를 예감하고 있었으며, 과감하게 '익명성'에 집착함으로써 이러한 시대의 지배적인 풍조에 잘 영합하고 있었는지도 모른다. 어쨌든 그가 사람들의 눈을 피해 은밀하게 태어난 것은 유서 있는 가계에 연결된 국왕을 정점으로 하는 권력 구조가 프랑스 대혁명에 의해 일단은 시야에서 모두 사라진 시기였으며, 이제 혈통의 정통성과는 다른 어떤 권위가 사회의 조직화에서 요청되고 있던 것은 틀림없는 사실이다.

부정한 밀통에 의해 샤를 오귀스트 루이 조제프를 낳은 전 네덜란드 왕비 오르탕스가 보나파르트 가문과 연결된 인

대표작으로 〈지옥의 오르페우스Orphée aux Enfers〉〈호프만의 이야기Les contes d'Hoffmann〉 등이 있다.

물이라는 것은 누구나 알고 있다. 그러므로 이 '사생아'의 어머니는 왕비이기는 하지만, 절대주의 왕정 아래의 유서 깊은 왕가 혈통과는 무관한 존재라고 해야 할 것이다. 사실 오르탕스 드 보아르네가 프랑스 황제 나폴레옹 1세의 동생 루이 보나파르트와 정략결혼을 하여 아내가 된 것은 1802년이며, 그녀의 남편이 네덜란드 국왕이었던 시기도 1806년부터 1810년까지 단 몇 년에 지나지 않는다. 루이 보나파르트가 국왕으로서 짧은 재위 기간에 왕비 오르탕스와 낳은 적자가 드 모르니의 의붓형인 루이 나폴레옹Charles Louis Napoléon Bonaparte이다. 1852년부터 1870년까지 20년 가까이 황제 나폴레옹 3세로서 프랑스 '제2제정기'의 권력을 장악한 것은 물론 루이 나폴레옹이지만, 결국 내무대신 드 모르니로서 그의 정권 탈취를 돕게 되는 '의붓동생'이 태어난 것은 루이 나폴레옹 탄생 몇 년 후, 오르탕스가 이미 왕비 지위에서 쫓겨난 다음의 일이었다.

그러나 정통 적자인 형과 '사생아'인 동생이 만나게 되는 것은 그로부터 한참 뒤의 일이다. 나폴레옹 1세가 백일천하 후 세인트헬레나 섬으로 유배당하고, 유서 깊은 부르봉 왕가의 루이 18세가 왕위에 복귀하여 명실상부한 왕정복고기가 오자, 보나파르트 가문에 속하는 인물은 법률에 의해 모조리 프랑스 국적을 박탈당했고, 루이 나폴레옹 또한 어머니 오르탕스와 함께 사부아에서 스위스로 망명하지 않을 수 없었다.

그런데 그 의붓동생은 같은 보나파르트 가문의 혈통을 이어받았지만 '타인의 이름'을 내세운 '사생아'였기 때문에, 시민권을 잃지 않고 드 모르니 백작으로서 프랑스에 머물 수 있었던 것이다.

그리하여 청년 시절 의붓형제의 행동의 궤적은 한동안 서로 만나지 않는 평행선을 달리게 되는데, 그 궤적이 명백하게 교차할 1851년 쿠데타에 이르기까지 결코 짧지 않은 세월을 여기서 자세히 재현할 생각은 없다. 당장 언급해야 할 사실은 '왕정복고기'부터 '7월 왕정기'에 걸친 프랑스 사회의 변화에 여유 있게 대응하며, 우아한 몸놀림과 냉정한 판단력으로 서서히 두각을 나타낸 '사생아' 드 모르니의 자신감 넘치는 태도와는 대조적으로, 이 시기에 적자 루이 나폴레옹의 존재는 사람들에게 거의 알려져 있지 않았으며, 가끔 남의 눈에 띄는 행동을 하는 경우에도, 그 모든 행동이 어린애 장난과 비슷한, 우스꽝스러운 몸짓 같은 인상을 계속 주고 있었다는 점일 것이다.

사실 대大나폴레옹의 동생 루이 보나파르트가 죽은 뒤, 보나파르트파가 뜻을 모아 루이 나폴레옹을 제1의 제위 계승자로 인정했지만, 황제 나폴레옹의 전제專制 따위는 까마득한 과거의 악몽으로 보는 인식이 널리 퍼져 있던 프랑스 사회에서, 황태자 루이 나폴레옹의 스위스에서의 언동에 주의를 기울이는 사람은 아무도 없다고 해도 좋을 정도였다.

물론 루이 나폴레옹은 자신이 나폴레옹 3세가 될 자격을 갖췄음을 각인시키기 위한 여러 행동을 드러내놓고 하기도 했다. 그러나 대부분은 사람들에게 경의어린 기대감을 심어주기는커녕, 경멸에 가까운 냉소적인 반응을 불러일으킬 뿐이었다. 가령 느닷없이 이탈리아에서 독립파 봉기에 가담하는가 하면, 스위스 포병술에 대한 두툼한 책을 저술해 여러 사람에게 보내기도 해서, 영국에서 망명 중인 아버지조차 얼굴을 찌푸리지 않을 수 없었다. 또한 충실한 보나파르트파인 페르시니Victor de Persigny와 만나 제국의 부흥을 꾀한 것까진 좋았지만, 생각지도 못한 시기에 스트라스부르에서 군사를 일으켰다가 깨끗이 실패하고, 당시 프랑스 국왕 루이 필리프Louis Philippe에 의해 국외로 추방되는 망신을 연출하고 말았던 것이다. 그다음에는 영국에 거처를 정하고 영국 귀족들과의 교제에 힘을 쏟다가, 다시 질리지도 않고 불로뉴로 건너가 봉기를 시도했다가 맥 빠지게 잡혀버렸으니, 루이 나폴레옹의 이름이 겨우 주변에 알려지기 시작했지만 오로지 조소의 대상으로서 그러했을 뿐이다. 그런가 하면 5년 동안 유폐되었던 성채에서 보수 공사를 하는 석공으로 변장해 탈출한다는 모험소설을 방불케 하는 행동이 성공해서, 세상을 깜짝 놀라게 하기도 했다. 그런데 자유의 몸이 된 지 얼마 지나지 않아, 이번에는 빈곤에 관한 책[7]을 펴냈다는 이유로 황제의 3대째는 사회주의자라는 소문이 돌게 된다.

이러한 일련의 행동이 '7월 왕정 아래'의 프랑스 사회에서 진지한 의도에 입각한 일관된 정치 행위로 여겨지지 않았던 것도 당연하다. 이리하여 루이 나폴레옹은 누구나 안심하고 화제로 삼을 수 있는 인물, 다시 말해 공공연한 조소의 대상이 되었다.

한편, 진짜 어머니가 전 네덜란드 왕비 오르탕스라고 알려진 청년 드 모르니는 보나파르트파에 접근하려는 식의 시도를 하지 않았고, 어머니 이름을 따서 '수국'(오르탕시아 hortensia) 꽃으로 장식한 문장紋章을 만든 다음 스스로를 드 모르니 백작이라고 내세우면서, 구제도 아래의 귀족의 후예다운 여유 있는 몸놀림으로 사교계에서 성공을 거머쥔다. 직업으로는 군인을 택해 '7월 왕정 아래'에서 기병장교로 알제리에서 근무하면서 훗날 중요한 자리를 차지하게 될 군인들과 친분을 맺었으며, 퇴역 후에는 실업계로 진출해 설탕 공장 경영으로 상당한 자산을 쌓기에 이르렀으니, 귀족적인 분위기를 풍기면서도 부르주아적인 계산속도 빈틈없이 익혔던 것 같다. 이윽고 입헌군주 루이 필리프에게 접근하여, 재상 기조 François Guizot의 비호 아래 선거에 입후보해 '국민의회' 의석을 얻게 된 다음에는, 오를레앙파에 속하면서도 공화주의와

7 아직 감옥에 수감되어 있던 1844년에 출간된『빈곤의 종말Extinction du paupérisme』을 말한다.

도 이해를 공유하는 온건한 입장을 취하게 된다.

이리하여 드 모르니는 정치적으로나 사교적으로나 장래가 약속된 인물로서 성공의 길을 걷기 시작한다. 이 시기 두 의붓형제가 받는 평가가 극과 극의 대조를 이루고 있음은 누가 보아도 분명했다. 과대망상적이라 할 정도의 광기어린 번뜩임도 없으며, 고작해야 어릿광대 같다고 형용할 수밖에 없는 '적자' 루이 나폴레옹에게 확실한 미래가 약속되어 있다고 생각하는 사람은, 아마 보나파르트파에 속하는 이들 중에도 거의 없었을 것이다. 아마도 이 대조적인 의붓형제는 '7월 왕정' 말기에 런던에서 처음 만난 듯한데, 두 사람 모두 상당히 냉담한 반응을 보였다고 한다. 미래의 프랑스 황제는 오를레앙파 의붓동생을 신용하는 기색을 보이지 않았고, 미래의 내무대신도 여러 차례의 봉기에 실패한 의붓형을 신뢰할 이유가 별로 없었다.

그런데 2월 혁명[8]이 발발한다. 1848년 2월 24일 국왕 루이 필리프의 퇴위는 (정식으로 공화제를 선언한 건 3개월 후이지만) 보나파르트 가문의 국외 추방을 정당화하던 법률의 소멸을 의미한다. 이제 황태자 루이 나폴레옹은 당당하게 프랑스로 돌아와 헌법제정의회에 입후보할 권리까지 손에 넣게 된 셈인데, 이후 두 형제의 관계에만 시점을 좁히면 사태는

---

8   1848년 2월 프랑스에서 왕정에 반대하여 일어난 혁명으로, 그 결과 국왕 루이 필리프가 물러나고 제2공화정이 수립되었다.

급속하게 발전할 것이다. 의붓형의 프랑스 귀국으로 동생과의 평행선이 본격적으로 교차하게 되기 때문이다.

12월 10일 선거에서 대다수의 예상을 깨고 루이 나폴레옹이 프랑스 초대 대통령으로 선출되었고, 이제 3년 후 쿠데타의 성공을 위해 두 사람이 협력하기까지는 단 한 걸음이면 충분했다. 1849년 초 '적자'는 '사생아'에게 알현할 수 있는 특전을 부여하여 정식으로 대화를 나누게 된다. '국민의회'에 정치적 기반을 갖고 있지 못한 대통령으로서 오를레앙파인 의붓동생에게라도 도움을 받아야 할 입장이었으며, 동생은 동생대로 권력의 편에 섰을 때의 달콤함을 회피할 이유는 딱히 없었기 때문이다. 실제로 같은 해 4월에 두 사람은 '매일 만난다'고 할 정도의 사이가 된다. 하지만 여기서도 대담한 쪽은 의붓동생으로, 의붓형은 제국 재건의 야망을 갖고 있으면서도, 어떠했느냐 하면 여전히 우유부단한 태도를 취하고 있었다. 실제로 드 모르니는 친한 여성에게 보낸 편지에서 "제정帝政만이 이 나라를 구할 수 있는데도, 대통령은 아직 그럴 결심을 못 하고 있다"고 쓰고 있다. 세간에 쿠데타에 대한 소문이 떠돌기 시작한 것도 이 무렵이었다. 제2공화국의 헌법은 대통령 임기를 4년으로 정하고 연임을 못 하게 하고 있어서(대통령이 한 차례 바뀐 뒤의 재선 출마는 인정되었다), 루이 나폴레옹이 권력의 자리에 머물기 위한 방법은 비합법적인 정권 탈취 외에는 없었기 때문이다. 하지만 스트라스부르나 불로

뉴에서 군사를 일으켰다가 겪은 우스꽝스러운 실패의 기억은 그 소문에 현실성이 있다고 느끼지 못하게 했고, '국민의회'의 실력자 샹가르니에Nicolas Changarnier 장군이 군대를 장악하고 있다는 안도감은 정치권이 혼란에 빠지지 않도록 해주었다.

하지만 드 모르니는 이번에는 다르다고 중얼거렸다. 바로 내가 배후에 있으니, 사태는 지금까지와는 다르게 전개될 것이다. 의붓형에게는 '아버지의 이름' 나폴레옹이 있고, 자신에게는 '타인의 이름' 드 모르니가 있다. 이 두 서명에 의해 프랑스는 우리 것이 되리라고 '사생아'는 확신한다. 핵심은 '적자'가 이 확신을 공유하는 데 있는데, 그러려면 약간 시간이 필요할지도 모르겠군. 그는 자신감을 가지고 스스로에게 속삭인다. 이리하여 신임 내무대신이 될 드 모르니가 공식 문서에 명예롭게 서명하고, 그 종잇조각이 정치적 위력을 발휘하게 될 시기가 시시각각 다가오고 있었다.

2장
음모

1851년 12월 2일 아침 일찍 집을 나선 파리 시민들은 거리의 벽에 방금 붙인 듯한 인쇄물을 보고 의아한 표정으로 멈춰 서 있었다. 이 계절에 주위가 밝아지려면 8시는 되어야 하는데다 때마침 비까지 내리고 있었는데도 불구하고, 벽보 앞에는 출근길 노동자들이 무리를 짓고 있었다. 프랑스어를 어느 정도 읽을 줄 아는 사람들은 대통령의 긴급 결단을 알리는 세 종류의 인쇄물이 붙어 있음을 알아차렸다.

첫번째 「국민에게 고한다」는 상당히 긴 글로, 대통령 루이 나폴레옹 보나파르트의 서명이 있었다. 두번째는 그보다 약간 짧은 「병사들이여」라는 군대에 호소하는 글로, 주로 병영 주변에 붙었다. 세번째는 가장 짧은 글인 대통령의 「포고」로, 서명자는 물론 루이 나폴레옹이지만 그 아래에는 처음으로 내무대신 드 모르니의 서명도 붙어 있었다. 우선 이것을 '문건 1'이라 칭하고 재현해보면, 그 내용은 대략 다음과 같을 것이다.

문건 1

프랑스 국민의 이름으로,
공화국 대통령은 다음 조항을 포고한다.

제1조 '국민의회'는 해산한다.

제2조 보통선거를 재실시한다. 5월 31일의 법률은 폐지한다.[1]

제3조 프랑스 국민은 12월 14일부터 12월 21일까지 선거 투표소에 출두하기를 바란다.

제4조 제1육군사단의 전 영역에 계엄령이 포고된다.

제5조 국무원은 해산한다.

제6조 내무대신은 본 포고를 시행하는 임무를 맡는다.

1851년 12월 2일
엘리제 궁에서 쓰다
루이 나폴레옹 보나파르트
내무대신
드 모르니

덧붙여 (실제 붙은 건 다음 날인 3일이지만) 같은 날짜가 기록된 이런 종류의 문서로, 새로운 내각의 구성을 알리기 위한 인쇄물이 더 있으므로, 대통령 루이 나폴레옹 명의의 문서는 전부 네 개라고 보는 편이 더 정확할지도 모른다. 게다가 경시

---

1 1850년 5월 31일 의회에서 통과된 보통선거권을 제한하기 위한 법률을 말한다. 한 지역에서 3년 이상을 정주해야 투표권을 가질 수 있다는 제한을 두어서, 당시 일을 찾아 옮겨 다니던 대다수 노동자의 투표권이 박탈되었다.

청장 모파Charlemagne de Maupas의 서명이 있는 「파리 시민에게」와 내무대신 드 모르니의 서명이 있는 「시장 여러분에게」라는 두 개의 문서를 함께 읽어보면 쿠데타 주역들이 하고 있던 생각의 요점이 더욱 명백해지겠지만, 여기서의 목적은 비합법적인 수단에 의한 정권 탈취 메커니즘 자체의 분석이 아니라, 어디까지나 '사생아' 드 모르니가 썼다고 여겨지는 글을 읽는 데 있으므로, 우선은 전국의 '시장'에게 보내는 내무대신의 공식 문서를 '문건 2'라고 칭하고 길더라도 그 전문을 번역해보자.

문건 2

내무부

파리, 1851년 12월 2일

시장 여러분에게

프랑스의 운명과 미래를 결정하기 위해, 전 국민에게 선거 투표소에 출두하기를 요청한다.

    오늘 자 포고는 12월 14일부터 21일까지 인민이 출두하기를 요청한다. 귀하의 권한이 미치는 범위 내에서 민의의 자유롭고 자발적인 표명이 용이하고 정상적으로 이루어지도록 노력하지 않으면 안 된다.

본인은 간결한 언어로 귀하의 사명이 가진 성격이 어떠한지를 상기시키고, 다음 사항에 대한 귀하의 주의를 촉구하지 않을 수 없다.

투표대장 기입의 개시
투표 접수
투표 결과 집계
투표대장 기입의 종료와 송부

'투표대장 기입'

□월 □일 포고를 받는 즉시, 시청 접수처에 2종류의 투표대장을 기입 가능한 상태로 준비해놓아야 한다. 둘 중 한쪽은 인민의 비준에 맡겨진 채결에 대한 '찬성' 대장이고, 다른 한쪽은 '반대' 대장이다.

이 대장은 통고한 부속서류 (1), (2)와 같은 형식이면, 어떤 종이를 사용해도 좋다.

제1투표대장의 각 페이지 맨 앞에 '찬성', 제2투표대장의 각 페이지 맨 앞에 '반대'를 기입해두기 바란다.

각 페이지에 숫자를 기입하고, 직인을 찍어두어야 한다.

인구가 과밀한 지역에서는 시청에 복수의 투표대장을 두어도 좋다.

투표대장에는 기입 개시 일시를 기록하고, 「포고」 제3조에서 정한 대로 투표 접수가 이루어지는 일주일의 기간과 그 최종 기한을 명시해야 한다.

이상의 제1수속이 끝나면, 사람들의 왕래가 잦은 복수의 시내 중심부에서 통상의 통지 수단인 벽보 부착과 북 울리기를 통해, 투표가 일주일 동안 오전 8시에서 오후 6시까지 실시된다는 사실을 주민에게 고지해야 한다.

'투표 접수'

21세 이상이고 민법상 권리 및 참정권을 가진 프랑스 국민은 투표권을 갖는다. 1850년 5월 31일의 법률은 폐지되며, 보통선거를 재실시한다. 따라서 1849년 3월 15일의 법률에 의해 작성된 유권자 목록에 따라 투표를 실시해야 한다.

하지만 이 목록이 만들어지고 난 뒤에 제법 많은 수의 프랑스인이 21세가 되었다. 이들의 투표권을 빼앗는 일은 부당할 것이다. 그러므로 귀하가 개인적으로 투표권이 있다고 인정하거나, 참정권을 가진 두 명 이상이 투표권이 있다고 증언해주는 경우에는 투표가 허용되어야 한다.

시장 여러분은 가능한 한 투표에 입회해주기 바란다. 또 자리를 벗어나는 경우에는 대리인이나 시의회 의원 중 한 명에게 그 대행을 위임해야 한다.

투표 방법은 매우 간단하다.

포고 내용에 찬성하는 사람은 '찬성' 투표대장에 성명을 기입하거나, 다른 누군가에게 기입을 요청하면 된다.

이것에 반대 의견을 표명하고자 하는 사람은 '반대' 투표대장에 성명을 기입하면 된다.

투표에서 투표자의 자발성과 독립성은 모든 사람이 준수하지 않으면 안 된다. 귀하에게는 이를 감시할 의무가 있고, 투표자의 자유를 훼손할 수 있는 조작이나 폭력 행위가 있을 경우, 관헌의 힘을 빌려 진압해야 한다. 국가주권에 관한 이 중대한 행위의 시행에 있어, 여러 당파의 열광, 맹신, 책략, 야심 같은 것이 그 성질을 왜곡하는 일이 있어서는 안 된다.

'투표 결과 집계, 투표대장 기입의 종료와 송부'

일주일의 기한이 끝난 후에, 시장 여러분은 2종류의 대장에 기입하는 일을 종료하고, 각각의 대장에 표명된 투표 총수를 집계하여 대장 맨 뒤에 기입해주기 바란다.

2종류의 대장과 집계 결과는 즉시 지방정부의 대표자에게 송부되어야 한다.

'회계 보고'

포고 실시에 필요한 경비는 「포고」 제6조에 따라, 각자가 신고하면 또는 등기소 징세관이나 직접세 사무소 징세관이 수령증을 제시하면 관련 기관에서 환급해주기로 한다.

시장 여러분은 본 포고의 실시를 감시해야 할 치안판사가 내리는 지시에 정확하게 따라주기 바란다. 그리고 이 실시를 본인은 여러분 각자의 확고한 조국애에 맡긴다.

내무대신
드 모르니

각 시장에게 보낸 드 모르니의 이 서한에는, 글 중간에 언급되듯 '찬성'과 '반대'라는 두 종류의 투표대장 모델이 붙어 있다. 그 형식을 여기서 정확히 재현할 수는 없지만, "제1대장 '찬성'" "제2대장 '반대'"라고 쓰인 용지 각각에 쓰인 내용은, 한 단어를 제외하고 완전히 같았다. '찬성' 용지에는 "아래 제안된 결의 표명에 긍정적으로 대답한 시민의 이름은 다음과 같다"라는 내용에서 **긍정적**이라는 한 단어가, '반대' 용지에서는 말할 필요도 없이 **부정적**으로 바뀌었을 뿐이다. 그에 이어 민의를 물어야 할 '결의' 내용이 실려 있는데, 이 대목은 번역할 만한 가치가 있다.

프랑스 국민은 루이 나폴레옹 보나파르트의 권한 유지를 원하며, □월 □일 그의 선언에서 제시한 내용에 기반하여 새 헌법을 작성하기 위해 필요한 권력을 그에게 양도한다.

이 인용문과 '문건 2'의 날짜 부분이 모두 빈칸으로 되어 있는 이유는, 이 내용이 실제로는 사용되지 않은 채 파리 국립도서관에 보존되어 있던 '시장' 앞으로 보낸 서한과 '투표대장'을 번역한 것이기 때문이다. 그 빈칸에 펜으로 날짜가 기입된 순간에 쿠데타가 현실화되는데, 그곳에 기입되어야 할 숫자가 '12'와 '2'인 것은 두말할 나위가 없다.

쿠데타라고 하지만, '사생아' 드 모르니가 1851년 12월 2일에 서명한 두 개의 공식 문서는 그 문면을 따르는 한 공화제라는 현행 정치체제를 폐지하겠다는 당돌한 선언은 전혀 아니다. 공화국 대통령 지위에 머물러 있는 '적자' 루이 나폴레옹에게 헌법 개정에 대한 전권을 위임하느냐 아니냐를 묻는 국민투표가, 어디까지나 '민주적인' 절차에 따라 수행되기를 요구하고 있을 뿐이다. 신임 내무대신 드 모르니는 정치의 주역은 프랑스 국민이라는 어휘를 구사하면서, 독재적인 제정帝政으로의 이행이라는 자신의 최종적 셈속을 교묘하게 숨기고, 온건한 행정관으로서의 자세를 결코 잃지 않는다.

어쨌든 여기에는 권력의 부조리한 행사를 암시하거나,

정권 유지의 절대적인 정당성을 부각시키려는 듯한 어구는, 간접적인 표현으로조차 전혀 들어 있지 않다. 실제로 "투표에서 투표자의 자발성과 독립성"은 존중되지 않으면 안 되며, "투표자의 자유를 훼손할 수 있는 조작이나 폭력 행위"는 단호히 배제되어야 한다고 강조하기도 한다. 게다가 '문건 1'에는 250만 이상의 유권자에게서 부당하게 참정권을 뺏을 목적으로 제정된 전해의 선거법이 폐지되고 "보통선거"가 회복된다고 쓰여 있으며, 1848년 6월에 노동자와 사회주의자의 봉기를 압살한 반동의 소굴이라 해야 할 "국민의회"의 해산을 언급하고 있으니, 이 요청은 아침 일찍 일하러 나가던 파리의 민중에게는 오히려 '잘된 일'이라고 여겨질 수 있었다.

사실 드 모르니의 필치에는 자신이 서명한 문서가 절대 국민을 혼란에 빠뜨릴 리 없으며, 오히려 국민 참여에 의한 새로운 질서 확립을 약속하는 듯 읽히기 위한 섬세한 배려가 담겨 있다. 당시 '국민의회'를 악당으로 몰아도 루이 나폴레옹의 권위에 불리할 게 별로 없다고 확고히 판단했기 때문이다. 이 점은 대통령이 지방을 순행할 때 사령관의 제지에도 불구하고 "황제 만세!"를 외치는 병사들의 잠재된 기대감을 봐도 명백하며, 또 제2공화국의 헌법 조문이 미비하다는 점을 봐도 틀림없다고, 내무대신은 생각했다. 게다가 의회 내의 공화주의자나 '빨갱이'라고 불리는 외부의 사회주의자에 대처하느라 여념이 없는 왕당파 계열의 '성주'들(빅토르 위고 Victor

Hugo의 희곡에 따라 '국민의회'의 보수적인 실력자는 이렇게 불리고 있었다)에게도, 여차하면 하나로 결집해 대통령에게 반격을 시도할 여유 따위는 전혀 없었다.

2월 혁명 직후에 헌법제정의회가 각 당파의 대표자들을 전문위원으로 삼아 제정한 제2공화국 헌법은, '국민의회'를 순수한 입법부로 규정하고 직접 국민투표로 선출한 대통령에게 행정부 수장으로서 내각을 조각하는 권한을 부여했다. 이것은 말할 것도 없이 프랑스 대혁명의 정신과 미합중국의 민주제를 모델로 한 헌법이지만(토크빌Alexis de Tocqueville이 헌법 기초위원 중 한 사람이었음을 떠올리는 것도 쓸모없진 않을 것이다), 입법부와 행정부의 대립을 조정하는 조항이 없다는 문제가 있어서 대통령의 뜻을 중심으로 움직이는 정부와 '국민의회'가 사사건건 대립하여 국정이 정체될 수밖에 없었다. '국민의회'에 정치적 기반이 거의 없었던 루이 나폴레옹은 그 대립의 여파로 대통령 관저인 엘리제 궁의 접대비조차 감당하기 힘든 재정 상태까지 갔지만, 그런 만큼 나쁜 정치를 단행할 여유도 빼앗긴 상태였기에, 아직 국민에 대해 '손을 더럽히지' 않았다고 할 수 있었다.

일찍부터 제정으로 이행해야 한다고 진언하던 드 모르니가 강조한 것도 바로 이 점이었다. 그는 대통령이 비합법적인 수단으로 권력을 자신에게 집중시켜도, 틀림없이 국민의 지지를 얻을 수 있다고 확신했다. 사실 보궐선거에서 당선된

소설가 외젠 쉬를 위험한 '사회주의자'로 지목해 국외로 추방한 것도 '국민의회'의 '성주'들이었고,[2] 언론의 반대에도 불구하고 보통선거를 폐지한 책임도 입법부인 '국민의회'에 있었다. 나아가서 대통령이 제안한 보통선거 회복을 투표로 거부한 것도 '국민의회'이므로, 누가 민주주의의 진정한 아군인지는 이제 국민의 눈에도 명확해졌다고 생각했다. 그런 탓에 '국민의회'를 해산한다고 해도 심각한 사태에 이르지는 않으리라는 것이, 드 모르니의 판단이었다. 독재적인 체제로의 이행이 필수적이라고 생각한 '사생아'는, 이러한 판단을 몇 번이나 의붓형에게 개진했다. 비합법적인 수단에 호소하는 결단을 주저하고, 사태를 온건하게 처리하려고 한 것은 오히려 대통령 쪽이었다.

이미 언급했듯 제2공화국 헌법은 대통령 임기를 4년으로, '국민의회' 의원 임기를 3년으로 규정하고 있으며, 그에 따르면 '국민의회'의 첫 해산이 1852년 5월 28일이기에, 그보다 1개월 전에 총선거가 실시될 예정이었다. 한편 대통령은 재선이 금지되어 있어, 본래대로라면 임기가 같은 해 12월 9일까지였지만, 루이 나폴레옹의 정치적 영향 아래에서의 총선 실시를 어떻게든 피하고 싶었던 '국민의회'는, 임기 만료를 7개월 앞당기는 특례를 의결하여 대통령에게 이를 따르라고 요

---

2   기록에 따르면, 외젠 쉬Eugène Sue는 루이 나폴레옹의 1851년 쿠데타에 반대하다가 국외로 추방당했다.

구했다.

    이리하여 1852년 4월부터 5월까지 걸쳐 입법부의 새로운 세력 분포와 새로운 행정부 수장이 투표에 의해 결정될 예정이었는데, 루이 나폴레옹은 재선을 가로막고 있는 공화국 헌법에도 불구하고, 자신이 대통령 선거에서 당선되면 '국민의회'가 헌법을 개정해서라도 비준하지 않을 수 없으리라는 낙천적인 희망을 버리지 않고 있었으며, "나는 그 이상의 것은 바라지 않는다"라고까지 공언했다. 훨씬 더 냉혹한 의붓동생 드 모르니의 거듭된 제정 이행 권유에 귀를 기울이지 않던 대통령은, 어디까지나 합법적 수단에 의한 정권 유지라는 희망을 버리지 않았고, 각종 여론 조작으로 의회에 헌법 개정을 촉구하면서도 비상수단 행사에 대해서는 회의적이었다. 그러나 '국민의회' 일부의 찬성을 얻고 다수파 공작에도 성공했지만, 제2공화국 헌법이 헌법 개정을 위해서는 의원 4분의 3의 찬성을 필요로 한다고 규정하고 있었기 때문에, 결국 이 공작도 틀어져 헌법 개정의 희망은 끊어지고 만다. 1851년 7월의 일이었다. 어디까지나 '국민의회'와 타협할 길을 모색하던 '적자' 루이 나폴레옹은, 이때 처음 '사생아' 드 모르니에게 이렇게 고백했다고 한다. "자네의 의견에 찬성하지 않을 수 없군. 나도 그 일을 진지하게 생각하기 시작했다네." 1848년에 신과 국민의 이름으로 공화국에 대한 충성을 맹세한 대통령이, 지금 "진지하게 생각하기 시작했다"는 "그 일"이 무엇을 의미하는지는 굳이 말할 필요가 없을 것이다.

　이때 '사생아'는 권력의 자리에 머무를 수 있다면 대통령이든 아니든 크게 상관하지 않는다는 소심한 '적자'에게 처음으로 현실적인 결단을 촉구하는 데 성공한다. 대통령이 진정한 권한을 행사하기 위해서는 대립하는 권력기구인 입법부를 유린하지 않으면 안 되며, 그런 행동 없이는 권력 유지가 전혀 실천적인 의미를 가질 수 없다는 것은, 그야말로 제2공화국 헌법의 미비점에서 도출되는 당연한 귀결에 다름 아니었다. 그때 이 의붓형제는 육군대신으로서 군대를 장악하고 있는 신뢰할 만한 군인 생-타르노Jacques Leroy de Saint-Arnaud를 이미 음모에 끌어들이고 있었다.

　이리하여 현실주의자인 의붓동생은 고지식하다고 할 정도로 의회제 민주주의에 집착하는 우유부단한 의붓형에게 황제로 군림해야 할 필연을 이해시키는 데 성공한다. 근대국가에서 일어난 최초의 쿠데타라는 역사적인 의미를 지니며, 후대의 적지 않은 야심가에게 유효한 모델을 제공하게 되는 이 음모가, '아버지의 이름'과 '타인의 이름'이 얽힌 '쌍둥이' 같은 형제의 교묘한 연계에 의해 실현되었다는 사실을 여기서 다시금 떠올려두도록 하자.

3장
결단

다음 날 아침의 음모 실행을 앞둔 12월 1일. 드 모르니가 그날 밤을 오페라 코미크Opéra-Comique 극장의 박스석에서 희가극 〈푸른 수염의 성Le Château de la Barbe-Bleue〉의 초연에 몰려든 관객들과 함께 보냈다는 일화는 역사적 사실로서, 이미 여러 책에서 언급된 바 있다. 실제로 정치가로서보다는 사교계에 더 많은 인맥을 가진 '멋쟁이'로서 명성이 높은 대통령의 의붓 동생에게는, 이런 화려한 분위기에 둘러쌓인 채 편히 쉬는 편이 가장 자연스러운 행동이었을 것이다. 그 '자연스러움' 속에서 더할 나위 없이 '부자연스러운' 정변을 준비하고 있었다는 점이, 이 음모의 특징적인 측면 중 하나일지도 모른다.

사실 적지 않은 수의 증인이 이날 밤 드 모르니의 태연한 언행을 의미 있게 지적하고 있다. 눈에 가장 잘 띄는 특등석 맨 앞줄에서 담비가죽 코트를 걸친 채 오페라글라스를 만지작거렸다든지, 무대보다는 한 젊은 금발 여성에게 계속 시선을 쏟았다든지, 막간에 그가 관람하는 박스석까지 인사하러 온 상류계급 부인이 대통령이 국민의회를 '쓸어버릴' 계획이라는 소문에 대해 언급하자 만일 그런 일이 일어나면 자신은 틀림없이 그 '쓸어버릴' '비'의 자루를 잡고 있을 테니 안심하라고 말했다든지, 그날 아침에 불로뉴 숲의 자키 클럽Jockey Club에서 여느 때와 같이 우아하게 승마를 즐겼다든지 하는, 지금에 와서 진위 여부를 확인해보기에도 다소 민망한 많은 일화가 여유 있는 대담함 혹은 과감한 냉정함 같은 이미지를 그의 그림자에 덮어씌우고 있다. 그러나 이런 단편적인 삽화는 음모의 성공과 관련하여 그냥 무시해버리기 힘든 모종의 진실을 전하고 있다. 많은 사람이 다음 날 아침 벽보를 통해 내무대신에 임명되었음을 알게 되는 이 막후의 인물이, 얼굴색 하나 바꾸지 않고 침착하게 사교적 행보를 이어가고 있던 것에 대한 놀라움을 모두가 강조하기 때문이다.

드 모르니 자신이 이러한 대체적인 반응에 약간의 자긍심을 느낀 듯하다는 점은, 그가 남긴 글에서도 엿보인다.

> 생각해보면 내게는 모종의 특수한 소질이 있는데, 그것은 이런 종류의 행동을 할 때 어떤 가치를 발휘한다. 우선, 나는 냉철하다고 할 정도로 강인하다. 그래서 나 자신이 당황하지도, 다른 사람을 당황시키지도 않는다. 다음으로, 위험을 무릅쓰고 어떤 결정을 내릴 경우, 나는 더 이상 하찮은 세부에 관심을 빼앗기지 않고, 오로지 목적 달성만을 염두에 둔다. 그 무엇도 개의치 않고 그 목적을 위해 모든 것을 바치는 것이다.

이 시기의 정치 무대를 화려하게 채색한 인물치고는 드물게 평소 일기 쓰는 습관도 없었고, 회상록을 쓸 겨를도 없이 타계한 드 모르니가 예외적으로 그 음모를 언급한 이 노트 한 구석에서, 정치인이라기보다 오히려 도박에 능한 모험가의 마음

가짐 같은 것이 읽힌다. "단언컨대 내가 없었으면 쿠데타를 절대 일으킬 수 없었을 것"이라며 자신만만해하는 의붓동생에 대해, 의붓형이 약간 '설친다'고 생각하는 것도 당연하다. 또 과거에 보나파르트파였던 적도 없고, 한때 오를레앙파 의원이기도 했지만, 왕당파의 이상 따위는 한 번도 신봉한 적 없는 '사생아'로서는, 냉소적이기까지 한 기회주의적 이해利害를 좇아 가담했을 뿐이니, 오랜 망명 생활로 인해 길러진 '적자'의 '감상적인 자유주의'가 영 답답하게 느껴졌을 것이다. 실제로 권력 탈취에 성공하기 위한 조건으로 쿠데타를 단행하고 최대한 빨리 국민의회의 실세와 군대 내 영향력 있는 장군들을 체포해 즉시 감금해야 한다고 주장했을 때, 대통령이 좀처럼 찬성 의사를 보이지 않자, 드 모르니는 육군대신으로 예정된 생-타르노와 함께 여전히 손을 더럽히지 않고 사태를 처리할 수 있다고 생각하는 의붓형의 안이함에 대해 격렬한 규탄도 불사했다.

이 같은 의붓동생의 단호한 결단은 마치 의붓형이 떠밀려서 쿠데타에 발을 담그게 됐다는 인상을 줄 정도인데, 이처럼 그 자신이 "이런 종류의 행동을 할 때 어떤 가치를 발휘한다"고 자랑하는 "모종의 특수한 소질"이 그 핏줄로부터 왔다고 설명하려는 시도도 없지는 않다. 사실 '사생아' 드 모르니를 버린 아버지 플라오 장군 또한 프랑스 대혁명 때부터 왕정복고기까지 끈질기게 살아남은 책사로 기억되는 재상 탈레랑Charles-Maurice de Talleyrand의 사생아였기 때문에, 역시 이 사내가 탈레랑의 피를 허투루 이어받은 건 아니라는 식의 감상이, 때때로 연구자들의 입에서 흘러나오기도 했던 것이다.

과연 호방하면서도 냉정하기 짝이 없는 드 모르니의 행동이 유전이라며 납득하는 것도 반드시 불가능하지는 않겠지만, 비상시에 "어떤 가치를 발휘한다"는 그의 "모종의 특수한 소질"이 있다고 해도, 권력자인 의붓형을 만나지 않았다면 나중에 자랑거리가 될 정도로 유효하게 쓰이지는 못했을 것이다. 즉 이 음모는 전혀 성격이 다른 두 의붓형제의 협력으로 비로소 성공할 운명인 드라마였고, 이때 탈레랑의 비공식 손자의 역할은 어디까지나 흑막으로서, 황태자의 잠재적 자질을 최고로 끌어내는 데 달려 있었으며, 이를 누구보다 잘 알고 있던 사람은 바로 드 모르니 자신이었다. 그가 오페라 코미크 극장의 박스석에서 모습을 드러낸 것도 그런 배려의 발로일 뿐이다.

정확히 같은 시각 대통령 관저인 엘리제 궁에서는, 루이 나폴레옹을 주역으로 하는 연례 야회夜會에서 화려하게 차려입은 하객들의 모습이 만찬 뒤까지 이어지는 쾌락을 만끽하듯 흔들리고 있었을 것이다. 아직 아무도 이튿날 아침 일어날 불길한 사건을 감지하지 못하고 있다.

한 문인의 회상에 따르면 드 모르니가 공연 중간에 관람석에서 자취를 감추었다고 하지만, 등 뒤에서 누군가의 귀띔을 받고 험악한 표정으로 자리에서 일어났다는 증언은 아무래도 너무 꾸며진 듯하다. 어쨌거나 차려입은 예복 그대로 깊은 밤이 지나 인적이 끊긴 엘리제 궁에 도착한 그는, 전에 협의한 대로 곧바로 대통령 집무실을 향해 계단을 올라간다. 그곳에서는 이제 막 육군대신이 될 생-타르노와 경시청장으로 예정되어 있는 모파가 루이 나폴레옹을 둘러싸고 마지막 협의에 여념이 없었다. 동석한 인물 중에는 비서장 모카르Jean-François Mocquard가 틀림없이 있었고, 충실한 보나파르트파의 장로 페르시니가 있었는지는 증언이 엇갈린다.

    모파의 회상에 따르면, 이 심야 회합은 지극히 짧았다고 한다. 사실 모든 것에 대해 이미 꼼꼼히 의논을 마쳤고, 이제 실행만을 기다릴 뿐이었다. 군대에 의한 '국민의회' 포위, 실력자들의 체포, 「포고」를 비롯한 몇 종류의 인쇄물을 파리 시내에 붙이는 일, 이 모든 것이 다음 날 아침 7시까지 행해져야 한다. 군대는 육군대신 생-타르노가 지령을 내리는 즉시 배치한다. 비밀이 누설될까 두려워 끝까지 대통령 집무실에 두었던 「포고」 및 그 밖의 글들은 새벽까지 인쇄를 마쳐야 한다.

    루이 나폴레옹은 표지에 "루비콘"이라고 적힌 서류를 천천히 펼쳐, 드 모르니가 '그 종이쪽지'라고 부르던 것에 마지막 시선을 보낸다. 이미 소개했던 내무대신이 서명한 '문건 1'과 '문건 2'도 물론 '그 종이쪽지'에 포함되어 있었다. 그 글들은 모두 국립인쇄소로 보내져, 인쇄공 개개인이 절대 전문을 읽을 수 없도록 복잡한 순서로 활자를 짜게 될 것이다. 인쇄된 벽보는 그대로 경시청에 보내져, 오전 7시 이전에는 파리 시내에 붙일 준비가 된다. 이렇게 모든 작전은 예정대로 수행되었는데, 여기서 당시 기술 개량에 의해 위력을 더한 윤전기를 활용한 인쇄법이 이 음모의 성공에 크게 공헌했음을 덧붙여 두어야 할 것이다. 이들의 쿠데타를 가능케 한 요인 중 하나는 분명 기술의 진보다.

서류 "루비콘"의 내용을 인쇄소에 보낸 뒤, 이 심야 회합은 끝이 난다. 나머지는 각자 맡은 자리에서 정해진 역할을 소화하면 된다. 대통령은 협력자들을 앞에 두고 다소 감상적으로 성공할 것이 틀림없다고 중얼거린다. 이제 곧 내무장관이 될 의붓동생은 극히 사무적으로 같은 말을 반복한다.

그 후 몇 시간을 드 모르니가 어떻게 보냈는지는 분명하지 않지만, 그가 12월 2일 오전 6시경에 엘리제 궁으로부터 꽤 떨어진 그르넬 가의 내무부에 삼엄한 태세를 갖춘 다수 군인의 호위를 받으며 방문한 것만은 확실하다. 이른 아침부터 군대에 포위되어 사태를 파악하지 못한 내무대신 토리니René de Thorigny를 향해, 아직 담비가죽 코트를 입은 채였을지도 모를 대통령의 의붓동생은 의붓형이 서명한 서한을 내밀며 자신을 신임 내무대신이라고 소개한다. 그 말이 상대에게 내무부에서 퇴거하라는 재촉이라는 점은 말할 필요도 없다. 물론 어안이 벙벙한 전임자에게 그의 재임 중 공적을 정중한 말로 칭송하고 은근한 감사의 한마디를 덧붙이기를 잊을 드 모르니는 결코 아니었다.

이리하여 1851년 12월 2일 이른 아침, 공화국의 모든 권력을 장악하는 데 성공한 대통령의 의붓동생은, 이제부터 예정대로 내무대신으로서 역사적인 서류에 서명할 실질적인 자격을 갖게 된다.

이 결정적인 시기에 내무대신의 직위에 있게 된다는 것은 무엇을 의미하는가. 수도의 정세가 어떻게 흘러가는가와 관계없이, 지방의 동정을 장악하면 된다는 뜻이다. 쿠데타 후 어떤 혼란이 뒤따를지 예측하기 어려운 파리에서의 질서유지 지휘는 비교적 지명도가 낮은 경시청장 모파에게 맡기고, 내무부의 최고책임자에게는 프랑스 전 국토의 행정조직을 통할하는 임무만이 부과된 셈이다.

심사숙고 끝에 이렇게 권력 기능을 분담하기로 결단을 내림으로써, 파리 상층부에 적지 않은 지인이 있었던 사교가 드 모르니는 관의 힘을 동원해 저항을 제압하거나 정적을 일제 체포하는 '더러운 일'로 손을 더럽힐 염려 없이, 초연하게 사태를 수습하기만 하면 되었다. 모파와의 면밀한 협의을 거쳐 작성한 체포자 명단에 따라 구속된 정적 68명이 별다른 유혈 사태 없이 뱅센의 성채로 보내지고 있을 무렵, 드 모르니는 새 거처가 된 내무부 욕실에서 밤샘 피로를 한가롭게 풀었다고 한다.

'국민의회' 해산이 대통령 이름으로 선언되고 의회 건물이 군대에 의해 포위되는 예기치 못한 사태에 대처하기 위해, 반反보나파르트파 의원 그룹은 당연하게도 정치 집회 금지 명령을 거역하면서 파리 곳곳에서 은밀히 집회를 갖고 대책을 논의했다. 모두가 아주 자연스럽게 대통령의 「포고」를 무효로 하는 선언을 기초하기 시작했지만, 보수적인 왕당파의 '성주'들은 바리케이드전이 야기할 유혈 참사가 두려워 파리 시민의 봉기를 촉구할 용기도 없었기에 헌법을 위반한 대통령의 자격정지라는 법적 대응을 호소할 뿐이었으니, 이는 당연히 아무런 힘도 발휘하지 못했다.

반면 이른바 '좌파'는 블랑키Louis Auguste Blanqui를 비롯한 지도적 인사들이 옥에 갇혀 있거나 외국에 망명 중이었다. 60여 명의 공화주의자들이 경찰의 눈을 피해 대책을 협의했지만, 뾰족한 수단을 찾지 못한 채 뒤늦게 도착한 시인 빅토르 위고가 기초한 선언문을 채택하는 데 그쳤다.

루이 나폴레옹은 배신자다.

그는 헌법을 유린했다.

스스로 무법자가 되어버렸다.

공화파 의원들은 국민에게 헌법 68조와 110조[1]를 상기하길 호소한다.

국민은 보통선거권을 획득했다. 이는 앞으로도 절대 포기할 수 없다. 반역자를 응징하는 데 이 밖의 원칙은 필요치 않다.

공화국 만세. 헌법 만세. 무기를 들어라.

1848년 '6월'에 '무기를 든' 시민에게 '의회'가 어떤 대응을 했는지를 기억하는 사람이라면,[2] 도저히 입에 담기 어려운 '선언'이다. 하물며 '보통선거' 폐지에 찬성 투표한 시인이 즉흥적으로 써 내려간 이런 말을 누가 진지하게 듣겠는가. 하기야, 그런 집회가 한두 개쯤 있어도 이상할 게 없다고 예측하고 있던 드 모르니가 만약을 위해 파리의 모든 인쇄소를 폐쇄해두었기에, '선언'은 육필로 몇 부 복사되는 데 그치고 만다. 그래서 모파로부터 전해진 "사회주의자의 집회, 끊이지 않는다"라는 정보에도, 내무대신은 마냥 태연했다. 사실 이 '선언'의 사본과 약간의 인쇄 자금을 숨겨 들고 파리 안을 피신해 돌

---

1   1848년 프랑스 헌법 68조는 대통령이 국민의회를 해산시키는 행위를 반역죄로 규정하며, 110조는 해당 헌법에 대한 방어를 모든 프랑스인의 감시와 애국심에 맡긴다고 명시한다.

2   1848년 2월 혁명에 의해 프랑스 제2공화국이 수립되었지만, 기대와는 달리 의회 선거에서 승리한 부르주아지와 왕당파는 노동자에 대한 억압을 이어갔고, 이에 맞서 일어난 1848년 6월 노동자 봉기를 잔혹하게 탄압했다.

아다니던 공화파 의원들은 약속한 장소에 도착할 때마다 수가 줄더니, 급기야는 선언을 기초한 위고마저 자취를 감추고 말았다. '저항 위원회'가 조직되었고, 공화파 의원 보댕Jean-Baptiste Alphonse Victor Baudin이 바리케이드에서 죽었는데도 불구하고, 대통령과 '국민의회'의 싸움에 노동자들은 지극히 냉담한 반응만을 보일 것이다.

한때 [이 쿠데타에 맞선] 무장봉기를 꿈꾸기도 했던 시인 빅토르 위고는, '무기를 들어'야 할 '국민'을 만나지도 못한 채 망명길에 오를 수밖에 없었다. 그의 시상을 늘어놓은 '선언' 따위로는, 퇴고를 거친 대통령과 내무대신의 「포고」에 담긴 간결한 요설에 도저히 맞설 수 없었다. 망명지인 영불해협의 작은 섬에서, 시인은 '황제 나폴레옹 3세'의 개인적인 '범죄'를 규탄하는 시편을 프랑스 국민을 향해 여러 차례 발신하게 될 것이다. 하지만 과거에는 '맹우'이기도 했던 '소小나폴레옹'의 배신에 대한 시인의 개인적인 정의감의 발로가 '제국'을 뒤흔드는 일은 당연히 일어나지 않았다.

그럼에도 불구하고 12월 2일부터 3일까지 파리의 거리는 어수선한 분위기에 휩싸여, 다른 나라 외교관이나 특파원의 눈에는 쿠데타의 전말이 아직 명확히 보이지 않는 상황이 이어졌다. 경시청장 모파가 허둥지둥한 반면, 육군대신 생-타르노와 내무대신 드 모르니는 침착하게 사태를 주시하고 있었다. 그들의 계획은 가두에 어느 정도 혼란을 초래하여 질서를 원하는 시민의 목소리가 높아지길 기다렸다가, 적당한 때가 되면 '자유와 해방'을 명목으로 군대를 투입해서 소요를 철저히 진압하고 위험분자에 대한 일제 검거에 나서는 것이었기 때문이다. 징벌을 위해서는 다소의 폭동이 필요했고, 사정에 따라서는 오히려 소란을 선동할 준비까지 되어 있었던 것이다. 쿠데타의 성공은 단순한 권력 장악에 그치지 않고, 어디까지나 국민 지지를 획득하는 데 있었다.

실제 사태도 그처럼 진행되어 체포된 사람이 전국에 2만 5천 명이 넘었으며, 파리에서는 4일경에, 지방에서는 대개 7일이나 8일에 모든 질서가 회복되었다. 런던에 망명 중이던 카를 마르크스Karl Marx에게 『루이 보나파르트의 브뤼메르 18일*Der 18te Brumaire des Louis Napoleon*』[3]를 쓰게 했던 두 의붓형제의 '음모'는 이처럼 어이없을 정도로 쉽게 성공을 거두었다. 12월 21일과 22일의 '국민투표'에서 7백만이 넘는 프랑스 국민이 루이 나폴레옹의 「포고」를 지지하고, 그의 독재적인 권력을 승인하게 될 것이다. 투표에서 '반대'한 사람은 기껏 60만이었고, 기권은 겨우 100만을 넘는 정도에 지나지 않았다. 이것이 계엄령 아래 시행된 투표였다는 점, 선거인 명부가 제대로 갖춰지지 않은 채로 행해졌다는 점 등등으로 인해,

---

3   카를 마르크스, 『루이 보나파르트의 브뤼메르 18일』, 『프랑스 혁명사 3부작』, 임지현·이종훈 옮김, 소나무, 2017; 칼 마르크스, 『루이 보나파르트의 브뤼메르 18일』, 최형익 옮김, 비르투, 2012.

당시부터 지금까지 이 '국민투표'의 정당성에 의문을 제기하는 논자는 끊이지 않는다. 가령 마르크스는 파리 시민의 저항에 두려움을 느낀 루이 나폴레옹이 '문건 2'에 적시되어 있던 기명투표제를 급히 무기명투표제로 변경하여, 부르주아지와 상인 계층이 바리케이드에서의 무장투쟁으로부터 손을 떼도록 만들었는데, 이것이 쿠데타 성공의 한 원인이었다고 말한다. 하지만 '나폴레옹 신화'와 이른바 '룸펜 프롤레타리아트'와의 결탁이라는 사실에 대한 지적과 함께 모종의 진실을 간파하고 있는 마르크스의 분석도, 오늘날 '지도적 국민투표'[4]라고도 불리는 이 정치적 의식儀式의 실현에 충분히 다다르지는 못하고 있다.

어쨌든 무기명투표로의 변경이 내무대신 드 모르니에 의한 응급조치라는 건 말할 필요도 없으며, 이 변경도 군대와 경찰까지 파급되지는 않았다. 또 마르크스가 쿠데타 발발과 함께 체포된 인물들에 대해 꽤 상세하게 전하면서도, 12월 2일「포고」에 의붓형과 함께 서명한 드 모르니의 이름은 거의 무시하고 있다는 점에서, 그 분석의 날카로움에도 불구하고 『루이 보나파르트의 브뤼메르 18일』이란 책이 지닌 일정 정도의 희박한 현실감이 드러난다고 보아도 좋을 것이다. 이 정

---

4   지도적 국민투표指導的 國民投票는 국민투표가 갖고 있는 포퓰리즘적인 성격을 악용하여, 형식적으로 국민의 동의를 얻기 위해 치르는 투표를 일컫는다.

변이 의붓형제의 협력에 의한 음모이며, 어디까지나 '나폴레옹 사상'을 신봉하는 의붓형의 이상주의를, 그런 것을 전혀 믿지 않는 의붓동생의 냉소적인 기회주의가 기술적으로 지탱해주고 있다는 사실이, 음모의 성공에서 무시하기 힘든 요소라고 말할 수밖에 없다. "백부[대大나폴레옹] 대신에 조카"를 주역으로 한 두번째 "소극farce"이라는 마르크스의 진단을 넘어, 여기에는 아버지가 다른 의붓형제의 협력이라는 오이디푸스적인 요소가 더해져 있다는 점 또한 부정하기 어렵다.

그로부터 몇 개월 후 루이 나폴레옹은 새 헌법을 반포하고 국민으로부터 위탁된 '독재권'을 형식적으로 포기하지만, 그것이 대통령제에서 제정으로 향하는 확실한 첫걸음이었음은 말할 필요도 없다. 실제로 대통령의 황제 즉위의 찬반을 묻는 [1852년] 11월 '국민투표'에서는 보다 많은 프랑스 국민이 그에게 신뢰를 표하게 될 것이다. 이리하여 프랑스는 고작 몇 년간 공화제를 시도하다가, 대다수 국민의 신임을 얻어 '제국'으로 이행한다. 그러나 '제2제정기'라고 불리는 공허할 정도로 화려한 시대에 대한 기술이 이 글의 목적은 아니다. 우리는 여기에서 1851년에 '사생아' 드 모르니가 쓴 두 편의 글로 돌아가야만 한다.

# 4장
서명

서류 "루비콘"이 대통령 집무실에 은밀히 보관되어 있다가 12월 1일 자정을 넘어 인쇄소로 보내졌으니, 내무대신 드 모르니의 서명이 들어간 두 개의 공식 문서는 모두 지면에 기록된 1851년 12월 2일보다 훨씬 이전에 기초된 것이 틀림없다. 그렇다면 인쇄하기 위해 쓰인 이 문서는 아마도 퇴고 과정에서 여러 사람의 의지가 반영되어 완성되었을 것이고, 드 모르니가 그 말미에 이름을 서명하던 순간에는 아직 내무대신조차 아니었기에, 그 내용 자체가 드 모르니 한 사람의 의지를 반영한다고 단언하는 일 역시 불가능할 것이다. 대통령의 의붓동생인 '사생아'가 썼다고 여겨지는 글을 읽는 작업은 이러한 사실에서부터 시작하지 않으면 안 된다.

12월 1일 심야의 대통령 관저에서의 비밀 회동을 보지 않아도 드 모르니가 그 문건을 기초하는 일에 적극 관여했으리라고 당연히 예상되지만, 이 글들이 여러 쿠데타 주모자의 의지가 반영된 합작품이라는 사실도 부인하기 어려울 것이다. 게다가 다음 날 아침 드 모르니가 약간 거친 방법으로 내무부를 탈취하여 집무실에서 안정을 취하던 시점에, 이 두 편의 문서는 벌써 효력을 발휘하고 있었으므로, 대통령 루이 나폴레옹과 그 의붓동생이 함께 서명한 「포고」('문건 1')나 내무대신 명의의 「시장 여러분에게」('문건 2')에 적힌 서명은 명백하게도 지극히 형식적인 것에 지나지 않았다.

그러나 문제는 미리 정해둔 날을 겨냥하여 주도면밀하

게 준비된 비합법적인 정권 탈취이기 때문에, 애당초 그 '형식성'을 이유로 이러한 서명의 법적 정당성을 의문시하는 것은 무의미하다. 오히려 우리는 그러한 순수한 '형식성' 안에서야말로 서명이 진정한 의의를 갖게 되는 시대의 도래가, 이 쿠데타에 의해서 입증되고 있다는 사실에 주목하고 싶다.

중요한 것은 권력자의 결단을 국민에게 알리는 목적으로 쓰인 이런 문서에 권위를 부여하는 것이, 집필자의 서명이라는 '기원'이 아니라는 점이다. 애초에 여기에서는 글의 '기원'이 되어야 하는 서명이라는 행위가 현실적으로는 행해진 적이 없으며, 오히려 인쇄된 이름은 명백히 어떤 행위의 '결과'이다. 요컨대 '현실'의 12월 2일에 '현실'의 내무대신인 드 모르니가 '현실'에서 서명했기 때문에, 「포고」와 「시장 여러분에게」가 권위를 갖는 식으로 사태가 진전되지 않았다. '현실'에서는 그런 일이 일어나지 않았지만, 그럼에도 '형식적'으로는 12월 2일에 내무대신 드 모르니가 서명했다고 읽히는 문서가 대량으로 인쇄되어, 프랑스 전역에 발송되거나 공공장소에 부착되거나 공식 문서로 통고됨으로써, 어쨌든 모든 사람의 눈에 평등하게 닿을 수 있게 된 '결과'로 드 모르니의 이름이 권위를 띠게 된다는, 완전히 뒤집힌 메커니즘이 작동하기 시작하는 것이다. 그런데 이 '뒤집힌 메커니즘'은 도대체 어떻게 작동 가능하게 되는가.

이제 사람들은 다소 갑작스럽긴 하지만 '들뢰즈Gilles

Deleuze적'인 주제 영역에 눈을 뜨게 되는 자신을 발견할 수밖에 없다. 두 의붓형제가 꾸민 19세기 중엽의 음모는, 20세기 프랑스 철학자 질 들뢰즈의 펜이 소묘하게 될 '시뮬라크르simulacre' 개념의 윤곽에 딱 들어맞을 법한 몸짓에 의해 성취되고 있기 때문이다. 이는 본래라면 어떤 문장의 기원이라고 여겨져야 할 서명을 집필자가 어떠한 순간에도 쓴 적이 없는데도 불구하고, '형식적'인 허구에 지나지 않는 그 이름이 인쇄된 대량의 복사본copy이 주변에 유통됨으로써 확실한 현실감을 획득할 때, '기원'을 결여한 '반복'으로서의 인쇄된 이름에 대해, 사람들은 들뢰즈를 따라 '시뮬라크르(=모상模像)'라고 이름 붙일 수 있기 때문이다. 이때 일어나는 일은 주변에 유통되는 '시뮬라크르'가 '형식적'인 허구에 지나지 않는 '기원'을 양적으로 현실화한다는 냉소적인 사태에 다름 아니다. 이것이야말로 많은 논자가 냉소적인 인물이라고 여겼던 '사생아' 드 모르니에 딱 어울리는 서명이 아니겠는가.

여기서 '기원'을 결여한 '반복'이란 다른 말로 모방해야 할 '모델(원형)'을 갖지 않는 '이미지'라고 해도 좋겠지만, 서구 형이상학의 전통에서 이러한 '시뮬라크르' 같은 것은 참된 사고思考에 어울리지 않는 '모사품[짝퉁]'에 불과하다. 『차이와 반복Différence et répétition』과 『의미의 논리Logique du sens』[1]

1 　질 들뢰즈, 『차이와 반복』, 김상환 옮김, 민음사, 2004; 질 들뢰즈, 『의미의 논리』, 이정우 옮김, 한길사, 1999.

의 들뢰즈가 이 '시뮬라크르' 개념을 재평가해서 적극적으로 자신의 철학에 도입한 것은 잘 알려져 있다. 두 의붓형제가 꾸민 음모는 그 '모사품'이라는 '시뮬라크르'가 유일한 정치적 현실임을 확실하게 입증해버린 것이다. 실제로 12월 2일 문서의 '형식적'인 서명자로서의 드 모르니의 이름은 '기원'으로서의 원형적인 서명을 '모델'로 갖지 않은 채, 대량으로 인쇄되어 주위에 퍼져나가 수없이 많은 시선에 드러나면서, '반복'되는 이미지로서 쿠데타 성취에 공헌하지 않았는가.

여기서 놓쳐서는 안 되는 것은 「포고」와 「시장 여러분에게」에 담긴 내용을 빈틈없이 널리 알려 [사태를] 그 방향에 따라 진행시키고자 하는 정치적 역학에서, 힘의 '기원'은 다름 아닌 '반복'된 '이미지'로서의 서명의 '시뮬라크르'이지, 내무대신 드 모르니 본인이 체현하는 정치적 권위 따위가 전혀 아니라는 사실이다. 1960년대 말에 그런 형이상학 비판의 일환으로서 들뢰즈가 재평가한 '시뮬라크르'는, 이미 19세기 중엽부터 프랑스에서는 틀림없는 현실로서 정치체제를 변화시키기까지 했지만, 역사는 이에 대한 언급을 오랫동안 피해왔다.

하지만 1851년 12월 2일 쿠데타가 우리에게 열어 보여주는 20세기적인 주제는 들뢰즈의 '시뮬라크르'에만 머물지 않는다. 이를 명확히 하기 위해 「포고」의 내용 자체로 돌아가보자.

'사생아' 드 모르니가 '적자' 루이 나폴레옹과 함께 서명한 문건에서 프랑스 국민을 향해 말한 내용이 무엇인지를 여기서 다시금 상기해보면, 전부 여섯 조항으로 이루어진 이 '포고'가 전체적으로 특정한 언어이론에 따라 '행위 수행적performative'이라고 부를 법한 내용이라는 사실이 곧 명확해진다. '공화국 대통령'을 주어로 삼아, 국민의회 해산, 보통선거 재실시, 투표 기한, 수도권 계엄령, 국무원 해산, 「포고」를 실시할 책임자 지명 등을 선포하는 여섯 항목은, 전부 사실에 대한 보고가 아니라 대통령의 권한에 따라 실현되어야 할 일들을 국민에게 전하는 것으로서, 일종의 명령이라고 이해해야 할 것이다. 실제로 "'국민의회'는 해산한다"를 비롯한 여섯 항목은 모두 실현되었다. 따라서 이 경우 "'국민의회'는 해산한다"라는 문장을 말하는 것은, 어떤 사실을 '전달'한다기보다는 '국민의회 해산'이라는 행위를 현실에서 행하는 것과 다름없다. 이러한 발언을 영국 철학자 J. L. 오스틴John L. Austin은 '사실 확인적constative'인 문장과 구별해서 '행위 수행적'이라고 불렀다.

이른바 '언어 행위speech act' 이론의 확립을 통해 '행위 수행적'이라는 새로운 범주를 도입하여, 어떤 것이 '참'인가 '거짓'인가의 양자택일을 부단히 요청하는 고전적인 '명제'의 지배로부터 언표 행위를 해방시켰다는 점에서, 오스틴의 제안이 오늘날의 언어철학에 상당한 공헌을 했음은 말할 필요도 없다. 다만 '행위 수행적'이라는 개념의 정당성을 입증하는 과정에서, 그에게 '참'인 행위 수행적 발언과, '거짓'이라고 부르기를 피하면서 '실패' 내지 '불행'이라는 단어를 사용하지만 최종적으로는 '거짓'과 별반 다르지 않은 '행위 수행적' 발언 사이의 차이를 두드러지게 하는 작업이 지나치게 주도면밀하여, 오히려 '행위 수행적'이라는 개념을 위축시켜서 그 궁색함으로 인해 그 제안이 지닌 새로움을 소진시켜버리지 않을 수 없었다는 점은 안타깝다. 요컨대 엄밀하고자 하는 자세 그 자체에 의해 '참'인가 '거짓'인가의 고전적인 양자택일이라고 할 만한 것에 다시 빠져들지 않을 수 없었던 오스틴은, '행위'를 언어적인 '전달'의 그림자 위치로 쫓아내고 그 사고에서 '사건'을 배제하게 되며, 그 결과 '무언가를 말하는 것은 무언가를 행하는 것이다'라는 자신의 주장을 배신하고 있는 듯하다.

이런 아쉬운 결과를 가져오는 오스틴적인 엄밀함은, 행위 수행적 발언이 부적절하다고 여겨지지 않는 조건을 검토할 때 그의 몸짓에서 드러난다. 『말과 행위 *How to Do Things with Words*』[2]에 따르면, "일정한 관습적 효과를 갖는 일반적으로 받아들여지는 관습적인 절차"가 존재하고, 그것이 '발동'되는 경우는 "인물과 상황이 그 발동된 절차에 대해 적합"했을 때이며, 게다가 "그 절차는 모든 참여자에 의해서 정확하고 […] 완전히 실행"되지 않으면 안 된다는 필요조건도 있

2   J. L. 오스틴, 『말과 행위』, 김영진 옮김, 서광사, 1992.

다. 이런 조건을 위반하지 않는 한 행위 수행적인 발언은 성취되지만, 그때 '사건'으로 발생해야 할 '행위act' 자체는 '맥락context'을 전제로 한 의도의 '전달(커뮤니케이션)'이라는 영역으로 다시 회수될 수밖에 없을 것이다.

그는 '행위 수행적'인 언설을 담당하는 사람과 그 언설을 받아들이는 사람이 모두 용인하고 있는 '관습적'인 코드가 '유지'되지 않는 한, 그 '행위'는 성립하지 않는다고 주장한다. 즉 전제가 되는 '맥락'을 파괴할 수 있는 '특수한 상황에서의 일대 변동' 같은 것에 해당하는 발언은, '참'인 '행위 수행적' 발언으로 인정할 수 없다는 것이다.

이러한 오스틴의 관점에 따른다면, 12월 2일 발표된 「포고」와 「시장 여러분에게」는 도저히 올바른 '행위 수행적' 발언이라고 볼 수 없다. 그것이 비합법적인 권력 탈취의 음모인 한, 서명자가 '관습적'인 절차를 일방적으로 무시하는 것은 당연하기 때문이다. 그럼에도 불구하고 12월 2일 아침에 많은 파리 시민이 본 벽보의 내용은 행위로서 완전히 수행되었다. 오스틴의 입장에 따른다면, 여기에는 명백히 어떤 '강제'가 행해지고 있기에, 그러한 '조건 아래에서의 행위'는 '엄밀하게는 행한다고 말할 수 없는 것일 수도 있'지만, 성공한 쿠데타에서 대통령과 내무대신의 「포고」가 행해진 행위가 아니라면, 그가 말하는 '행위 수행적'인 언설이란 도대체 무엇인가.

물론 우리가 드 모르니의 서명이 적힌 「포고」와 「시장 여러분에게」를 '행위 수행적'인 언설로 간주하지 않는 것은 부당하다고 주장하고 싶은 것은 아니다. 그것이 '행위 수행적'인 발언인가 아닌가와 관계없이, 그 문장에 쓰인 사태는 틀림없이 실현되었으며, 게다가 「포고」에 쓰인, 상황에 따라서는 '강제력'이 발휘될 거라고 해석할 수 있는 내용조차 확실히 실현되고 있다는 점이 우리의 흥미를 끄는 것이다. 맥락 자체가 뒤집히고 일상적인 습관도 흔들리면서 예외적인 상황이 출현했지만, 그럼에도 불구하고 '무언가를 말하는 것은 무언가를 행하는 것이다'라는 원리는 관철되고 있는데, 이것이 가능했던 이유는 사람들이 '강제'조차 일상화될 수 있는 혁명 또는 반反혁명이라는 비상시의 '관습'을 잘 이해하고 있었고, 「포고」와 「시장 여러분에게」가 바로 그 '관습'을 공유할 뿐만 아니라 나아가 그 관습에 가장 잘 맞아떨어지도록 쓰인 문장이었기 때문이다.

오스틴은 이러한 비상시의 '관습'을 전혀 고려하지 않을 권리를 가지고 있지만, 그런 고집의 대가로 '행위 수행적'이라는 개념은 어쩔 수 없이 '역사'를 외면하게 된다. '행위'가 '사건'임을 간과하고 그것이 '맥락'을 전제로 하는 '커뮤니케이션'으로 회수될 수밖에 없다고 한다면, 이는 반反-역사적 이론에 머물 수밖에 없다. 오스틴의 '부적절'한 조건을 수정하면서 모든 '행위 수행적'인 발화는 예외 없이 '권위의 행위'라고 말한 바 있는 에밀 뱅베니스트Émile Benveniste는, 그러한 사정에 어느 정도 민감했다고 할 수 있다.

'언어 행위' 이론에서의 '행위 수행적'이란 개념을 비판적으로 '탈구축'하려고 시도한 이가 「서명 사건 맥락Signature Événement Contexte」[3]의 자크 데리다Jacques Derrida임은 잘 알려져 있다. 오스틴의 제자 J. R. 설John R. Searle과의 논쟁으로까지 번진 이 논문에서 데리다가 했던 비판의 핵심은, 음성 기호와 쓰인 기호의 본질적인 차이를 고려하지 않을 뿐만 아니라, 후자가 전자의 재현으로서 같은 질서에 속한다는 것을 당연시하면서 논의를 진행시키는 오스틴의 자세를 향하고 있다.

반복할 필요는 없겠지만, 데리다의 에크리튀르écriture 이론은 구두 커뮤니케이션에서는 끊임없이 '현전現前'하고 있는 주체가 쓰인 기호에서는 결정적으로 부재하며, 그로 인해 플라톤 이래 서구 형이상학에서 오랫동안 문자는 '불완전'하다고 여겨져왔지만, 바로 이러한 주체의 '현전성 부재'야말로 음성 커뮤니케이션이 가질 수 없는 적극적인 질서를 쓰인 기호에 부여할 수 있다는 사실 위에 세워진다. 사실 쓰이는 순간에는 수취인이 부재하고, 읽히는 순간에는 저자가 부재한다. 이러한 점에서 화자와 청자가 동시에 말하는 목소리를 들을 수 있는 사태와는 전혀 다른 상황이 그곳에 출현하고 있으며,

3 자크 데리다, 「서명 사건 맥락」, 김우리 옮김, 『문화연구』 제9권 1호, 2021.

주체의 '현전성 부재'는 문자 커뮤니케이션에서 (음성 커뮤니케이션을 모델로 삼기는 어려운) 시간적이고 공간적인 '어긋남[뒤틀림]différance'을 절대화할 수밖에 없기 때문이다. '어긋남'이란 쓰인 기호에 대한 주체의 '원격화' 혹은 주체에 대한 쓰인 기호의 '지연화'와 다름없으며, 여기에 '차연差延'이라는 번역어를 대응시키는 건 이제 상식이 되었다.

이러한 '어긋남'의 절대화는 쓰인 기호를 현재에 묶어두지 않고 오로지 '표류'하는 대로 내버려두어, 말하는 주체와 듣는 주체가 각각의 '현전성'에서 '커뮤니케이션'의 전제로 삼고 있던 '맥락'을 애매하게 만들고, 나아가 그 관습성도 해소해버릴 것이다. 주체의 '현전성 부재'로 인해 '어긋남'을 살 수밖에 없는 쓰인 기호는, 원격화하고 지연화하면서 모종의 무책임성의 영역으로 '산종散種'되고 커뮤니케이션 자체마저 뒤집어버릴 것이다. 그러므로 오스틴이 열거한 '행위 수행적'인 언설이 성립할 수 있는 필요조건이 문자 '커뮤니케이션'에는 전혀 타당하지 않다는 점이, 자크 데리다의 J. L. 오스틴에 대한 비판의 핵심이라고 요약할 수 있을 것이다.

쓰인 말의 무책임한 '표류성'에 전혀 무방비하지 않았던 오스틴은, 문자 발언에는 "발언자의 서명을 덧붙여"야 하고, 이를 게을리할 경우 "문자 발언을 구두 발언과 같은 방식으로 그 발언의 원점에 연결시킬 수 없다"고까지 명기하고 있다. '사생아' 드 모르니가 20세기 영국의 언어철학자와 만나는 것은 바로 이 순간이다. 여기서 말하는 "발언의 원점"은 우리가 지금까지 문장의 '기원'으로서의 서명이라 불러온 것과 명백히 같지만, 그런 '기원'으로서의 서명조차 쓰인 기호인 한 '어긋남'의 절대화를 살기 때문에, "발언자의 서명을 첨가"하지 않으면 안 된다는 지적이 데리다의 반론을 견딜 수 있다고 말하기는 어렵다.

그러나 여기서 주의를 환기시키고 싶은 것은 「서명 사건 맥락」이 집필되기까지 기다릴 필요도 없이, 1851년 12월 2일자 「포고」와 「시장 여러분에게」의 '형식적'인 서명자 드 모르니가 J. L. 오스틴이 '언어 행위' 이론을 구상하기 한 세기도 전에, '행위 수행적'이라는 개념의 미비를, 아니 정확하게는 그 추상적인 완벽성을 비판하고 있다는 사실이다. 이미 보았듯 문서가 공표될 날짜에 앞서 초고가 완성되고, 내무대신으로 집무하기 훨씬 전에 그 직함이 들어간 채 인쇄되어, 쿠데타 당일 이른 아침에 다른 사람들의 눈에 띄게 되는 문서는 확실히 '원격화'하고 '지연화'하여, '표류'할 수밖에 없는 쓰인 기호가 체현하는 무책임한 '어긋남'에 의해 '맥락'을 덮어버리며, 게다가 '무언가를 말하는 것은 무언가를 행하는 것이다'라는 아직 알지 못하던 현실을 사람들로 하여금 똑같이 납득하게 했던 것이다.

1851년 12월 2일 의붓형제의 쿠데타는 그 주모자들이, 그러니까 내무대신인 '사생아' 의붓동생은 물론 대통령인 '적자' 의붓형조차 보이지 않게끔 거의 남 앞에 나서지 않음으로써 성공했다는 이야기도 있다. 즉 「포고」나 「시장 여러분에게」의 '형식적'인 서명자는 그 주체의 급진적일 정도의 '현전성 부재' 덕분에 '행위'를 수행할 수 있었고, 그리하여 음모를 성취할 수 있었다는 것이다. 두 사람이 붕괴시킨 '제2공화국'은 '헌법제정의회' 석상에서 의장의 입을 통해 공식 선언되었고, 그것에 권위를 부여한 것은 바로 목소리의 '현전'에 다름 아니다. 그러한 '현전'의 의식儀式을 굳이 피해, 날짜와 서명 모두 '형식적'인 것에 지나지 않는 인쇄물에 의한 「포고」를 선택한 두 의붓형제는, 데리다가 '에크리튀르' 이론을 발표하기 훨씬 전에 쓰인 기호와 말해진 기호의 본질적인 차이를 충분히 파악하고, 서명조차 글의 '기원'이 될 수 없다고 확신하고 있었다. 그러므로 그 언명을 다량의 인쇄물을 통해 문자 그대로 '산종'하고, '커뮤니케이션'의 전제인 '맥락'을 애매하게 만들어, '행위'가 '사건'이 되도록 했던 것이다.

오스틴-데리다 논쟁은 오스틴이 이미 타계했기 때문에 그 제자인 설이 대역을 맡았지만, 이 논쟁은 1970년대가 아니라 1850년대에 일어나도 이상하지 않았고, 1851년 12월 2일 쿠데타를 주제로 삼을 수도 있었을 것이다. 그럼에도 불구하고 '사생아'와 '적자'의 음모라는 실제 '사건'으로부터 '언어 행위' 이론이나 '에크리튀르' 이론을 단 한 사람도 배울 수 없었던 이유는 무엇일까. 마르크스조차 이를 '두번째 소극'로 간주하고 넘겨버렸을 뿐, 음모의 명백한 성공을 둘러싼 사건의 본질을 간파하지 못한 이유는 무엇일까.

　　이론적 고찰은 '역사'보다 끊임없이 뒤처질 수밖에 없다는 것이 하나의 설명일 것이다. 그러나 그보다 더 무시할 수 없는 이유는, 이 '제국의 음모'를 '공화국' 프랑스로서는 부끄러운 '사생아'라고 치부하며 정치적인 '현실'로서 납득하지 않는 전통이 오늘날까지도 살아남아 있기 때문이라고 볼 수 있다. 즉 이에 대해 언급할 수 있는 마땅한 '맥락'이 존재하지 않았고, '커뮤니케이션'을 성립시킬 조건조차 존재하지 않았던 것이다. 우리는 자크 데리다가 쓰인 기호를 '사생아'에 비유했던 것을 기억한다. "고아로 태어날 때부터 이미 자기 아버지의 입회立會에서 분리된 에크리튀르"라는 그 "본질적 표류 상태"에서 문자를 정의할 때, 그는 마치 '사생아' 드 모르니의 존재를 기술하는 듯하다. 시뮬라크르가 실제 그러했듯이, 1851년이라는 연호는 '사생아'가 그 '표류성'으로 인해 승리하는 시대의 도래를 알려주고 있지 않은가.

5장
의장

「포고」에 담긴 개혁의 내용을 「시장 여러분에게」에 명기한 순서에 따라 실행에 옮긴 결과, 투표 절차에 약간의 변경이 가해지긴 했지만, 유권자의 절대적인 지지를 얻은 루이 나폴레옹은 1852년 1월 1일 대통령 관저 엘리제 궁을 떠나 대大나폴레옹 제정의 기억이 남아 있는 튀일리 궁으로 집무와 생활의 중심을 옮긴다. 프랑스 국민의 승인에 의한 일시적인 조치라고는 하지만, '국민의회' 해산 후에 입법부 없이 새 헌법을 제정하려는 대통령의 행동이 '독재적'이라는 것은 부정하기 어렵고, 이 상징적인 지리 이동이 실질적인 '제정'의 확립을 의미한다는 것은 말할 필요도 없다.

그에 앞서 전년 12월 28일에 드 모르니는 내무부에서 한 사회주의자의 방문을 받는다. 조제프 프루동Pierre-Joseph Proudhon이라는 이름으로 알려진 그 방문자를 막 부임한 내무대신은 정중하게 대접하고, 프루동은 '독재적'인 신정권에 대해 사회주의적인 기대를 극명하게 드러낼 것이다. "사회주의자들에 의해서 검토되고 있던 여러 개혁을 적절히 실현하는" 것이 7백만 표 이상의 지지를 얻은 루이 나폴레옹에게 부과된 의무라고 선언하는 이론가 프루동을, 드 모르니는 전혀 '위험분자'로 간주하지 않았으며, 그가 쿠데타 지지자가 아님을 알면서도 오히려 서로의 이해利害에 일치하는 점이 있다고 생각했다.

사실 12월 2일 쿠데타에 맞선 바리케이드에서의 철저한

항전을 주창하는 순진한 빅토르 위고에게 전술적인 전망이 없다고 탓한 이가 프루동이며, 그는 루이 나폴레옹이 "경멸할 만한 모험가"에 지나지 않는다고 판단하면서도, "정치 법령에 의해 사회개혁을 실현할 수 있다"면 사회주의적인 정책이 될 수도 있는 정치의 원점에 위치하고 있는 것이기에, 그 쿠데타를 용인해야 한다고까지 말한다. 또 기묘하고 괴로운 내용이 담긴 프루동의 저작 『12월 2일 쿠데타에 의해 증명된 사회혁명 *La Révolution sociale démontrée par le coup d'état du 2 décembre*』의 출판을 1852년 8월에 허가하게 되는 이도 드 모르니다.

　루이 나폴레옹의 권력 탈취에 대한 조제프 프루동의 모호한 태도를 지적하면서, 독재 체제와 사회주의의 밀월이 이미 1851년부터 시작됐다는 식의 주장을 새삼스럽게 제기할 생각은 추호도 없다. 여기서 간과할 수 없는 것은, 쿠데타에는 냉혈하고 빈틈없는 엄격함으로 임한 드 모르니가, 통치에서는 오히려 유연한 태도를 채용하고 있다는 점이다. 사실 대립보다는 타협의 인상을 주고 왕당파와의 협조까지 불사하는 내무장관의 조정자적인 대응이, '독재자' 루이 나폴레옹의 '혁명적' 이용법을 모색하는 프루동의 다소 혼란스러운 사회주의적 언설을 안전할 뿐만 아니라 더 나아가 이용 가치가 높다고 용인하는 데까지 이어졌을 것이다. 엄벌을 받아야 한다고 공언되던 위험분자에 대해서도 대통령 사면을 통한 감형을 느슨하게 적용해나가는 내무대신의 강단에 의해, '공포정치'와는 이질적인 정책이 실시되어간다. 시대는 틀림없이 '억압'에서 '회유'로 향하고 있었고, 드 모르니가 앞장서서 추진하는 유연한 정치적 태도에 맞서는 효과적인 저항 수단을 소묘할 수 있는 자는 아직 존재하지 않았다.

그런데 음모의 실현을 위해 서로 협력했던 '적자'와 '사생아'의 관계는 '제국'이 실질적으로 성립한 순간부터 급속하게 냉각된다. 새 헌법이 막 공포되었을 뿐 그에 따른 총선거가 아직 행해지지 않은 시기에, '7월 혁명'[1]에 의해 입헌군주 자리에 앉았던 루이 필리프의 출신 가문인 오를레앙 일족의 자산을 국유화한다는 의붓형의 결단에 동조할 수 없었던 의붓동생은, 몇 명의 각료를 데리고 바로 내무대신을 사직해버렸던 것이다. 이것이 이른바 '1852년 1월 23일의 정치 법령' 사건이다. '제2제정기' 내각에서 루이 나폴레옹에 대한 유일한 예외적 반항이라고 해도 좋을, 참으로 드 모르니다운 이 행동의 결과로, '적자' 루이 나폴레옹은 '독재 체제'의 포기를 새 헌법 아래의 입법원에서 정식으로 선언하게 되지만, 선언일인 1852년 3월 29일 이미 '사생아' 드 모르니는 정부의 일원이 아니었다.

의붓동생과 오를레앙 가문의 친밀한 관계를 탐탁지 않

1 1830년 7월에 프랑스 파리에서 국왕 샤를 10세의 전제정치에 맞서 일어난 혁명이다. 루이 필리프가 입헌군주로서 왕위에 앉고, 부르주아 계급이 권력을 잡는 계기가 되었다.

게 여겼던 의붓형은, 이 시기에 상당히 심한 내용의 편지를 그에게 보내고 협박에 가까운 언사를 쏟아내기까지 했다. 하지만 두 사람의 관계는 결정적인 파국을 교묘하게 피하면서, 의붓형의 오랜 요청을 받아들이는 형식으로 동생이 1854년에 입법원 의장에 취임하면서 일단 다시 안정된다. 대통령 루이 나폴레옹이 황제 나폴레옹 3세로서 군림하게 되는 1852년 12월 2일 이후에도, '적자'와 '사생아'의 관계는 이처럼 매우 애매한 채로 그럭저럭 유지된다.

그런데 '제2제정기'의 입법부란 무엇인가. 1848년 '제2공화국' 헌법보다 내용이 훨씬 간결한 새 헌법에 따르면, '제국'은 삼원제三院制라고 할 만한 체제에 의해 유지된다. 우선 상원과 국무원이 있는데, 직접투표를 통해 국가원수로 승인된 황제가 의원을 임명하며, 각각 법조문을 만들고 그 결정권까지 갖는다. 그에 비해 입법원 의원은 내각의 영향 아래 명단이 선정된 관선 입후보자와 소수의 자천 입후보자 중에서 총선거로 선출되며, 민의를 대표한다고 하지만 그 역할은 법안 토의에 한정되며 그것을 결정할 권리는 인정되지 않는다. 따라서 제국의 권력은 상원과 국무원에 집중되어 있다고 할 수 있다. 이리하여 간신히 제국의 행정조직 외부에 자리 잡게 될 입법원 의장 드 모르니는, 일정한 거리를 두면서도 황제의 귀중한 인재 역할을 계속 수행하게 될 것이다.

이후 [센 강변] 오르세 부두의 관저는 파리 사교 생활의

한 중심이 된다. 우리가 1851년 12월 2일의 「포고」와 「시장 여러분에게」에 이어서 읽으려고 하는 제2의 텍스트의 주요 무대장치가 되는 곳도, 바로 이 오르세 부두의 부르봉 궁이라는 관저이다.

'제2제정기'의 정치적 메커니즘 분석도, '제국'의 음모에 가담한 흑막 드 모르니의 전기 집필도 이 글의 의도는 아니므로, 1851년부터 1861년까지 10년에 걸쳐 이 관저 주변에서 일어난 일을 자세히 더듬을 필요는 없을 것이다. 당장 기록해두어야 할 것은 쿠데타 성공 후의 프랑스 및 그 수도 파리가, 눈에 보이는 겉모습이나 보이지 않는 구조나 모두 전에 없이 달라지게 된다는 사실로 충분할 것이다.

지방에서는 주요 도시를 연결하는 철도망이 확충되기 시작했고, 1855년 만국박람회의 무대가 되는 파리에서는 [센주] 지사 오스만Georges Eugène Haussmann에 의한 도시계획이 본격적으로 실행되어 근대적인 국제도시를 향한 첫발을 내디딘다. 막대한 설비투자 없이 수행할 수 없는 이러한 근대화를 위해, 은행 조직이 강화되고 주식거래소가 완비되면서 투기열이 비정상적으로 고조된다. 대외적으로는 북아프리카에 국한되어 있던 식민지를 인도차이나 반도까지 확대하고, 영국군과 함께 크림 반도에도 출병해 러시아의 남하를 막으며, 오스트리아와의 전쟁에서 사부아와 니스를 병합할 것이다. 경기가 상승함에 따라 시민의 구매 의욕이 높아지고 이를 부추기는 백화점이 출현해서, 소비의 쾌락이 일반 시민 사이에도 널리 퍼지게 된다. 파리 대로변에는 연극장이 즐비하고, 보드빌[2]을 비롯한 통속적인 레퍼토리가 인기를 끈다. 향락의 맛을 알아버린 부르주아지는 이제 진지한 것은 거들떠보지도 않고, 안이한 욕망의 충족을 찾아 환락가로 향한다. 드미-몽드demi-monde로 불리는 고급 매춘부가 정치와 예술의 정식 무대에 얼굴을 내밀고, 성 풍속은 계급을 초월하여 문란해진다.

이러한 '제국의 축제'에 딱 어울리는 열락의 색채를 더해주는 것이, 자크 오펜바흐의 '오페레타 부파(희가극)'임은 널리 알려진 사실일 것이다. 유대계 독일인이면서 곧 나폴레옹 3세의 주선으로 프랑스 국적을 얻게 될 이 작곡가에 대해서는, 그야말로 시대의 총아라 할 그 이름의 때 아닌 유통이건, 신작마다 '부프 파리지앵Bouffes-Parisiens' 극장 관람석을 가득 메우는 그 작품의 매력이건, 여기서 새삼 지적할 만한 새로운 이야깃거리는 아무것도 없다고 해도 좋다. 우리의 유일한 흥미의 중심은, 이미 예고한 대로 드 모르니가 드 생 레미라는 필명으로 쓰고 오펜바흐가 곡을 붙인 오페레타 부파의 각본까지 도달하는 것 이외에는 없으니 말이다. 그렇다면 '제국의

2 보드빌Vaudeville은 프랑스에서 시작된 연극 장르로, 춤과 노래를 곁들인 가볍고 풍자적인 통속 희극을 가리킨다.

음모'의 배후와 파리 악단의 총아는 어떻게 만났을까.

입법원 의장이 부프 파리지앵 극장 관람석에 자주 출몰한 것은 잘 알려져 있다. 이미 1851년 12월 1일 밤 오페라 코미크 극장 특등석에 모습을 보인 데서도 짐작할 수 있듯이, 드 모르니는 이런 유행하는 구경거리에 빠진 적이 없는 사교적인 성격의 소유자이다. '문화'에 이렇다 할 흥미를 나타낸 적이 없는 나폴레옹 3세와 대조적으로, 이 의붓동생은 다소 천박할 정도로 부지런하게 첨단 유행이라 할 만한 스펙터클의 세계에 깊게 빠지곤 했다.

'제2제정기' 파리에서 보나파르트 가문은, 예를 들면 황제의 사촌 여동생 마틸드Mathilde Bonaparte 황녀의 살롱에서는 예술가나 지식인을 비호하고, 사촌 형 나폴레옹 대공은 수렵이나 술자리에서 놀기 좋아하는 반교권주의反教權主義적인 주요 인사를 대접하는 식으로, 일종의 사교적 분업이 이루어졌다. 당시 입법원 의장의 전문 영역은, 극장 관람석과 무대 뒤에 둥지를 틀고 있는 수상쩍긴 하지만 그런대로 자극적인 인종들과의 교류였다고 해도 좋다. 흔히 말하듯 그것이 순수하게 귀족적인 취미라고 쉽사리 단정하기는 어렵지만, 어느 정도 악과 퇴폐의 향기가 풍긴다고 할 '제국'의 암부暗部에 남의 눈을 꺼리지 않고 당당하게 드나든 건, 자못 드 모르니다운지도 모른다. 어쨌든 그가 무대 위 '상연'이라는 형식에 걷잡을 수 없이 마음이 쏠려 있었던 것은 틀림없고, 입법원 의장 집무실 책상 서랍에는 여러 편의 연극 각본이 숨겨져 있었다고 한다.

무엇보다 흥미로운 점은 집무 사이 남는 시간에 집필한 각본 대부분이, 고전적인 운문 비극과 같은 유서 깊은 장르가 아니라 실로 경박한 보드빌 같은 가벼운 기분 전환용 구경거리뿐이었다는 사실이다. 중요한 회합을 위해 소집되어 관저를 찾은 주요 인사 중 몇 명이, 피아노 반주에 맞춰 성악 연습을 하거나 각본을 집필하는 중인 의장 때문에 할 수 없이 대기하다 허탕치는 일도 한두 번이 아니었던 모양이다. 이미 보드빌 작품은 몇 차례 상연한 바 있는 입법원 의장의 은밀한 꿈은, 자신의 각본이 유행의 첨단에 서 있던 오페레타 부파가 되어 진짜 가수들이 부르는 모습을 자기 눈으로 보는 것이었다. 또한 작곡은 어떻게 해서든 오펜바흐에게 부탁해야 한다. 몇 차례 부프 파리지앵 극장 관람석에 들른 것도 그 때문 아니었던가. 상대방도 자신이 누구인지는 잘 알 것이다. 이렇게 드 모르니는 그 계획을 실행에 옮긴다.

 일본에서는 〈천국과 지옥天国と地獄〉으로 알려진 〈지옥의 오르페우스Orphée aux Enfers〉의 성공으로 영광의 길을 걷기 시작한 자크 오펜바흐가, 처음으로 입법원 의장 관저를 방문한 때가 언제인지는 정확히 알 수 없다. 아마도 1861년 어느 날 관저에서 하룻밤 여흥으로 오페레타를 상연하고 싶으

니 작곡을 해달라는 의뢰를 하면서, 덧붙여 이미 나와 있는 대략의 줄거리를 상연 가능한 각본으로 완성해줄 인물을 소개해달라는 의뢰도 받았을 것이다. 작곡가는 〈지옥의 오르페우스〉 이래 협력해온 뤼도비크 알레비[3]를 동반해 오르세 부두의 관저를 방문했을 것이다.

긴장한 두 사람이 보게 된 것은 〈슈플뢰리 씨, 오늘 밤 집에 있습니다M. Choufleuri restera chez lui le⋯〉라는 제목의 단막 보드빌 각본이었다. 극작가라기보다는 메이야크와 공동 작업을 한 오페레타 작사가로 후대에 기억되는 알레비는, 조금 손을 보면 상연 가능한 각본으로 완성하기 어렵지 않을 듯하다고 말한다. 부프 파리지앵 극장의 가수들을 다 동원하고 입법원 의장 관저에서 상연한다면, 그들에게도 명예로운 일이 될 것이다. 다망하기 그지없는 오펜바흐였지만, 이 쾰른 출신의 유대인에게도 파리에서의 권위 확립을 위해 그리 나쁜 이야기는 아니었다. 이렇게 세 사람의 이해利害가 일치하여, 1861년 5월 31일 밤 황제의 의붓동생은 자신이 쓴 진부한 줄거리의 오페레타 부파를 상연한 후, 오펜바흐와 나란히 서서 살롱을 채운 우아한 초대객으로부터 큰 박수를 받는 데 성공

---

3   뤼도비크 알레비Ludovic Halévy(1834~1908)는 프랑스의 저자이자 극작가이다. 대표작으로 앙리 메이야크Henri Meilhac(1888~1897)와 함께 쓴 조르주 비제Georges Bizet(1838~1875)의 오페라 〈카르멘〉의 각본이 있으며, 자크 오펜바흐와도 많은 작품을 함께 했다.

한다. 멕시코 출병[4]을 비롯한 황제가 추진하는 외교정책이나 내정의 파탄이 아직 현실화되지 않았던 시기이며, 제국이 유례없는 번영을 구가하는 듯한 착각을 많은 이가 공유하던 시기의 일이다.

이날 밤의 상연을 둘러싼 몇 가지 재미있는 에피소드가 전해지지만, 관저의 개인실을 분장실로 배정받은 가수들이 드물게 흥분해서 무대 뒤를 마구 뛰어다니는 의장에게 이것저것 트집을 잡아 호화로운 식사를 제공받았다는 삽화가 어디까지 사실인지 확인할 수단은 이제 남아 있지 않다. 〈슈플뢰리 씨, 오늘 밤 집에 있습니다〉의 연습이 시작된 부프 파리지앵 극장 앞에, 드 모르니 가문의 문장을 단 멋진 마차가 밤마다 장시간 대기하며 머물렀다는 소문의 진위도 이 기회에 묻지는 않겠다. 누가 봐도 분명했던 것은, "나 자신이 당황하지도, 다른 사람을 당황시키지도 않는다"고 호언했던 1851년 12월 2일의 내무대신의 '강인한 냉철함'을, 1861년 5월 31일의 입법원 의장에게서는 전혀 찾아볼 수가 없다는 정도일 것이다.

같은 해 9월 14일 부프 파리지앵 극장에서 딱 한 번 재연됐던 이 작품이 오펜바흐의 음악적 영광에 무엇을 더했는지

---

4   나폴레옹 3세는 1861년 멕시코 정부의 외채 상환 중단을 명분으로 멕시코를 침략했지만, 1867년 결국 별 소득 없이 철수하면서 큰 타격을 입게 된다.

는 분명치 않지만, 부프 파리지앵 극장에서의 성공은 인정받으면서도 오페라의 경우에는 혹평을 받는 어정쩡한 지위에 있던 그가 이제 '제국'의 작곡가로 공인받게 된 것은 틀림없다. 또 작사가 뤼도비크 알레비도 각본 손질을 계기로 입법원 의장 비서 자리에 천거됐으니, 얻는 바가 큰 셈이었다. '제2제정'은 이러한 개인적 이해利害의 교묘한 조절에 의해 입신출세를 약속하는 사회였던 것이다.

그렇다면 드 생 레미라고 서명한 황제의 의붓동생 드 모르니가 이 공연에서 어떤 이익을 끌어낼 수 있었는가는 누구도 확실하게 단언할 수 없다. 정치적 야심과 무관하면서도 발상과 결단의 재능은 타고난 냉소적인 승부사로서 '적자'인 의붓형을 황제 자리에 올린 '사생아'가, 입법원 의장이라는 명예직에 안주해 '제국의 축제'에 색을 더하는 역할에 머물게 된 깊은 체념을 이런 소일거리로 달랬던 것일까. 우아한 바람둥이로 사교계에서 숱한 명성을 떨쳤으며 르 옹Charles Le Hon 백작이라는 외교관의 부인을 거리낌 없이 공식적인 정부로 삼았던 독신 드 모르니는, 곧 러시아 명문가 투르베츠코이Trubetskoy 집안의 딸과 결혼하려 하는데, 여기서도 무언가 변화가 느껴지는 듯하다. 단막의 오페레타 부파 〈슈플뢰리 씨, 오늘 밤 집에 있습니다〉를 오펜바흐의 선율로 오르세 부두의 관저 살롱에 울리도록 한 것은, '사생아'에게 어떤 '행위'의 '수행'을 의미하고 있는가.

6장
희가극

파리 마레 지구의 "부르주아적인 물건으로 장식된 살롱"이라 지정된 무대장치 속에서, 서곡이 끝나자 한 젊은 여성이 등장한다. 얼마 전 수도원에서 교육을 마치고 세상에 선보이길 기다리고 있는 슈플뢰리 가의 외동딸 에르네스틴Ernestine이다. 드 생 레미와 오펜바흐가 쓴 오페레타 부파 〈슈플뢰리 씨, 오늘 밤 집에 있습니다M. Choufleuri restera chez lui le…〉는 이 젊은 여성이 극적 상황을 설명하면서 막을 연다.

1833년 1월 24일 밤, 에르네스틴은 집에서 아버지가 주최하는 파티가 곧 열리며, 게다가 자신의 집에서 처음 개최되는 음악의 밤이기에 잊을 수 없는 날이 될 테지만, 자신은 준비하느라 여념이 없는 아버지보다 맞은편 창가에 사는 오페라 작곡가 바빌라Chrysodule Babylas가 신경이 쓰여 견딜 수 없다고 말한다. 그러고는 "저는 아직 어리지만, 나이에 비해서는 조숙한 편이에요"라고 뽐낸 다음, 이렇게 노래하기 시작한다.

> 알고 있어요, 나는. 제대로 된 여자아이라면
> 그래도 한 사람은 필요해요, 사랑하는 남자가 필요해요…

그녀는 세상의 상식에 따라 바빌라와의 결혼을 꿈꾸는 "제대로 된" 여자아이인 것이다.

하지만 슈플뢰리 씨는 아직 두 사람 사이를 전혀 모른다.

"빛나는 미래"가 약속되어 있다고 해도 형편이 넉넉지 않은 작곡가와 딸의 결혼 따위는, 코메디 프랑세즈Comédie-Française의 진지한 연극보다는 보드빌의 가벼운 웃음을 더 좋아하는 연금 생활자이자 졸부인 슈플뢰리 씨가 허락할 리 없기 때문이다. 그래서 "나는 예술은 권장하지만, 딸에게 알랑거리는 가난뱅이 예술가를 권장할 생각은 전혀 없다"고 단언하는 아버지의 눈을 속이기 위해, 두 사람은 자신들만의 특별한 신호를 주고받으며 밀회하기로 한다.

그 신호가 그야말로 오페레타적이란 것은 말할 필요도 없다. 에르네스틴이 노래를 불러 아버지가 집에 없다고 알리면, 바빌라가 바순을 불어 응답하고 나서, 지붕을 타고 창을 통해 살롱으로 들어와 서로의 애정을 확인하는 식이다. 아버지와 함께 간 보드빌의 연극에서 연인이 그렇게 하는 걸 본 적 있다고 솔직히 고백하는 에르네스틴. 신호에 따라 바빌라가 창가에 모습을 드러내는 대목에서, 전부 열두 장으로 이루어진 단막 오페레타 부파의 1장이 끝난다. 아버지의 '뒤통수 치기'가 이 이야기의 흥미의 중심이라는 것은, '모방'이 작품의 주제 중 하나라는 점과 함께 이제 명백해진다.

전반의 8장까지는 처음으로 여는 야회夜會 준비에 쫓겨 걱정하는 슈플뢰리 씨의 모습이 재미있게 묘사된다. 덧붙여 제목에 포함된 "오늘 밤 집에 있습니다"라는 표현 자체가 이미 사교 파티 초대장의 상투적인 표현에 대한 '모방'으로, '오후 9시에 우리 집에 와주시기 바랍니다' 정도의 의미이다. 한편 슈플뢰리Choufleuri라는 철자가 야채 콜리플라워chou-fleur를 떠올리게 한다는 점에서, 제법 자산을 축적하여 상류계급 진입을 노리는 무지한 부르주아지의 '모방' 욕구를 웃음 소재로 삼은 작자의 의도는 명백하지만, 그렇다고 풍자라고 할 정도로 혹독하진 않다. 이것이 "일생의 꿈이자 야심이었다"고 딸에게 말하는 슈플뢰리 씨도, "오늘 밤 집에 있습니다"라고 쓴 초대장을 "모든 대사와 대신에게 발송하긴 했지만, 아마도 바쁜 이들은 오지 않을 것"임을 이미 알고 있을 정도의 사리분별은 하고 있다. 애초에 입법원 의장 관저의 살롱에서 초연하는 밤에는 아마도 객석에 몇몇 대사나 대신이 섞여 있었을 테니, 이 구절이 일종의 '내부자 농담'으로서 웃음을 유발했으리라는 건 짐작하기 어렵지 않다.

시대는 1833년이므로, 7월 왕정 시기의 낭만주의적인 '평민 귀족'[1]이라고도 할 수 있는 슈플뢰리 씨는, 이 첫번째 야회에 유명한 외국 오페라 가수 세 명을 초청해 손님들을 즐겁게 해주겠다고 생각하며, 프랑스어가 서툰 벨기에인 하인에게 우아한 영국풍 매너를 가르치려 애쓴다. "음악을 들으면

---

1 몰리에르Jean-Baptiste Poquelin Molière의 희곡 제목 Le Bourgeois Gentilhomme을 염두에 둔 표현으로, 우리말로는 '부르주아 귀족' '평민 귀족' 등으로 번역되지만, 하스미는 "초닌 귀족町人貴族"이라고 쓰고 있다. '초닌'은 에도 시대의 상인이나 직인을 뜻한다.

짜증나거나 졸리거나 둘 중 하나지 절대 그 중간은 없다"는 슈플뢰리 씨이지만, 당대 일류의 프리마돈나 존타크Henriette Sontag 양을 비롯해 루비니Giovanni Battista Rubini와 탐부리니 Antonio Tamburini까지 세 명의 이탈리아 오페라 가수를 불렀으니 야회의 성공은 틀림없다고 확신하여 "드디어 내 이름이 신문에 나올 거야"라며 흥분해 있었다.

하지만 벨기에인 하인을 질책도 하고 격려도 하면서 야회 준비에 여념이 없는 슈플뢰리 씨에게, 세 명의 가수로부터 "갑자기 몸 상태가 안 좋아 오늘 밤 귀댁에서 노래 부르기는 힘들 것 같습니다"는 내용의 편지가 도착해 그를 절망에 빠뜨린다. "내 인생도 이렇게 끝나는구나"라며 살롱에 털썩 주저앉자, 영문을 모르는 벨기에인 하인이 비명을 지르며 달려온다. 하지만 이 상황에서 에르네스틴만은 묘하게 침착함을 유지한다. 그녀는 아버지에게 힘을 내라면서, 자신에게 명안이 있으니 아직 절망하긴 이르다고 위로한다.

예상할 수 있듯이, 딸의 '명안'이란 '모방'의 주제를 따르면서 아버지의 '뒤통수를 치는' 것이었다. 어쩔 줄 모르는 슈플뢰리 씨의 눈앞에서, 여느 때처럼 노래로 신호를 보내자 바빌라가 창가에 나타난다. 이 사내가 누구인지 의아해하는 아버지에게, "정치적인 이유로 공개적으로 밝히기는 어렵지만" 이 사람은 원래 루비니의 대역을 맡는 가수라고 소개한다. 그가 있으니 오늘 밤 파티는 틀림없이 성공할 거라고 에르네스틴이 말하자, 이런 합창이 울려 퍼진다.

> 구원받는구나, 구원받는구나, 딸의 재치로
> 구원받는구나. 집안의 명예가 구원받는구나.

그녀의 약삭빠른 설명에 사정을 눈치챈 바빌라는 바로 슈플뢰리 씨의 얼굴을 한참 쳐다보더니, "당신은 진짜 탐부리니와 꼭 닮았으니 대신 노래하면 좋겠군요"라고 말한다. 이어서 "아가씨도 제법 좋은 소리를 가지고 있으니 존타크 대신 노래하면 되겠네요"라고 한다. 이 갑작스러운 제안에 슈플뢰리 씨는 기가 막혀 한다. "나는 이탈리아어라고는 전혀 모릅니다"라고 하자, 모든 단어 어미에 '노no'나 '나na'를 붙이면 이탈리아어 따위 누구나 할 수 있다고 용기를 북돋아, 에르네스틴의 뜻에 따라 사태를 해결하도록 이끈다.

이리하여 사랑하는 두 사람은 존타크와 루비니의 대역을 맡아 당당히 같이 시간을 보낼 권리를 획득한다. 오후 9시가 가까워오고, 슈플뢰리 씨가 하인에게 설탕을 너무 많이 넣지 말라고, 특히 음악 연주 중에는 절대 넣으면 안 된다고 손님 접대 요령을 가르치고 있는 도중에 손님들이 들어오기 시작한다.

합창대원 역할을 하는 초대객이 입장하는 9장에서, "부르주아적인 물건으로 장식된 살롱"의 분위기는 일변한다. 바빌라와 에르네스틴의 책략 같은 걸 알 리가 없는 손님들은 다음과 같은 무의미한 후렴구를 코러스로 반복하면서, 밝고 낙천적인 분위기를 더욱 고양시킨다.

아, 기쁨이 우리를 부르고 있어.
아, 축제가 우리를 부르고 있어.
달려가자, 지금 바로,
슈플뢰리 가에 지금 바로…

슈플뢰리 씨가 느끼는 낭패감을 전혀 상상하지도 못하는 초대객 대표 격인 발랑다르Balandard 씨는 음악에 대한 기대감을 드러낸다. 그의 아내인 발랑다르 부인은 "가까이에서 배우들을 볼 수 있다니 정말 기뻐요"라고 호들갑스럽게 떠들고, 좀 자제하라는 남편에게 "전제군주! 독재자!"라고 쏘아붙이는 형국이었다.

이윽고 존타크과 루비니로 소개된 에르네스틴과 바빌라는 부모의 반대로 결혼할 수 없는 불행한 연인 역할을 연기하기 시작한다. 즉석 이탈리아어로 "로마 교외의 마카로니는…" 같은 이상한 가사를 노래하기 시작하자, '과연 이것이 이탈리아 오페라구나' 하고 납득한 듯 무지한 관객들이 즉석 이탈리아어로 갈채를 보낸다. 객석의 흥분과 함께, 에르네스틴의 계획대로 연극과 현실의 이상적理想的인 혼동이 나타나기 시작하는 것이다.

탐부리니로 분한 슈플뢰리 씨를 향해 바빌라는 작은 소리로 자신의 신분을 밝힌 다음, 객석에는 여전히 목가적인 사랑 이야기처럼 보이게 하면서, 에르네스틴과 함께 연극적인 몸짓으로 결혼을 허락해달라고 청한다. 이렇게 모든 것이 오페라의 한 장면으로 펼쳐지지만, 두 젊은이의 계략을 이제야 눈치챈 유일한 인물인 아버지는 "함정이야, 함정에 빠졌어"라며 안색이 확 바뀐다. 하지만 이 말조차 배역의 대사라고 믿어 의심치 않는 관객들은 "아버지, 제발 부탁이에요" "그건 안 될 일이야" 하는 아버지와 딸의 대화를 숨죽이고 지켜보며, 아버지가 이탈리아 말투로 "저주다, 저주받아라"라고 절규하자, 이를 비극적인 오페라에 잘 어울리는 결말로 받아들인 객석에서 감동의 박수가 쏟아진다.

여기서 성공이 이중적이라는 건 누가 봐도 명백할 것이다. 우선 '오늘 밤 집에 있는' 슈플뢰리 씨의 야회는 틀림없이 성공을 거두었고, 진짜 가수의 목소리를 들었다고 믿는 초대객은 모두 만족한 표정을 짓고 있었다. 하지만 더 나아가 바빌라와 에르네스틴은 모습을 감춘 진짜 가수를 교묘하게 '모방'하여 음악회를 성공시킴으로써, 아버지의 '뒤통수를 치는' 데도 성공했다고 확신한다. 이야기의 장치는 바로 이 점에 놓여 있는데, 아버지는 이 두번째 성공의 의미를 아직 눈치채지 못했다. 어리석은 관객을 속여 넘겼다고 안심한 나머지, 그 비밀이 탄로 나면 자신이 얼마나 위태로워질지에 대해서는 전혀 생각이 미치지 못하고 있는 것이다.

그래서 탐부리니 의상을 벗어던지고 급히 객석으로 돌아가 만족한 관객이 축하하는 말을 들으면서 만면에 미소를 띠고 있는 슈플뢰리 씨에게, 바빌라가 다가와 "이 갈채가 들리시죠"라고 낮은 소리로 말한 다음, 예정된 행동에 나선다.

> 지금 당장 지참금 5천 프랑과 따님을 넘겨주지 않으면, 존 타크, 루비니, 탐부리니 모두 다 가짜였음을 밝힐 겁니다. 그러면 당신의 명예는 엉망이 될 테지요. 슈플뢰리 가문의 명예도 엉망이 될 거구요.

"함정이야, 함정에 빠졌어"라고 같은 대사를 반복하는 것 외에 슈플뢰리 씨가 어떤 반응도 하지 못하는 것을 확인하고, 바빌라는 객석으로 몸을 돌려 "여러분, 말씀드릴 게 있습니다…"라고 목소리를 높이는 척한다. 이 협박이나 다름없는 행동에 결코 저항할 수 없음을 깨달은 슈플뢰리 씨는, "좋아, 딸을 자네에게 주겠네"라고 소리를 낮춰 말하지 않을 수 없다. 이에 더해 "지참금 5천 프랑은요?"라고 낮은 소리로 몰아세우는 젊은이에게, 아버지는 두 손을 들고 말았다.

아무것도 모르는 발랑다르 부인은 진짜 배우와 이야기

를 나눴다는 행복감을 만끽하면서, "결국 두 사람은 결혼하게 되겠죠?"라고 루비니라 믿어 의심치 않는 바빌라에게 묻는다. "당연하죠, 부인"이라고 이탈리아 말투로 답하는 젊은이는, 사람들 앞에서 지금 막 손에 넣은 지참금의 액수까지 공표하는 데 성공한다. "아, 정말 잘 됐네요!"라고 발랑다르 부인은 환성을 지르고, 이를 기점으로 연극의 막을 내리는 음악이 높아지면서, 〈슈플뢰리 씨, 오늘 밤 집에 있습니다〉는 그 대단원을 맞는다.

등장인물 모두가 밝은 표정으로 두 젊은이의 결혼을 축복하고 있을 때, 슈플뢰리 씨 혼자 '오늘 밤 집에 있다'가 얼마나 비싼 값을 치르게 됐는지 새삼 깨닫고는 어두운 표정을 짓는다. 또 가까운 시일 안에 꼭 초대해달라고 목청 높여 말하는 발랑다르 씨의 대사에, 존타크와 루비니의 듀엣이라면 언제든지 들려주겠다고 응하는 두 젊은이 뒤에서, 슈플뢰리 씨는 이제 두 번 다시 그런 기회는 오지 않을 거라고 중얼거릴 수밖에 없다. 오페라 가수를 교묘하게 '모방'하는 연인에게 감쪽같이 '뒤통수를 맞은' 연금 생활자 아버지는, 아무리 금전적 여유가 있어도 사교계 '모방' 따위는 절대 다시 하지 않겠다고 마음먹었기 때문이다.

지금까지의 줄거리 소개에서도 드러나듯, 〈슈플뢰리 씨, 오늘 밤 집에 있습니다〉의 소재는 이야기가 그다지 중요한 의미를 갖지 않는 이런 부류의 장르에서도 유달리 신통치 않다고 하겠다. 『평민 귀족』²을 떠올리게 하는 벼락부자가 비웃음의 대상이 되고, 그 자녀의 사랑이 축복을 받는다는 줄거리에는 독창적인 요소가 전혀 없으며, 세부적으로 빼어난 감각이 빛나는 부분도 없다. 주된 줄거리와 무관하게 웃음을 유발할 목적으로 삽입한 대화에서도 뜻밖의 발견은 하나도 보이지 않고, 샴페인을 식혀두라는 지시를 받은 벨기에인 하인이 '식히다'라는 뜻도 있는 프랑스어 동사 'frapper'를 글자 그대로 '구타하다'라는 의미로 오해하여 병을 닥치는 대로 때려 부수는 식의 어리석기 그지없는 개그도 적지 않다. 아무리 하룻밤에 그친 아마추어의 흥취라지만 어찌나 바보 같은지, 이런 종류의 저속한 디테일이 곧 공작 서훈을 받을 입법원 의장 드 모르니에게 어울릴까 하는 생각이 절로 들 정도다. 이 작품의 각본을 텍스트로서 뜯어보려고 들면, 우리는 줄거리의 빈곤함에 망연자실할 수밖에 없다.

그럼에도 불구하고 이 오페레타 부파가 초연 이래 세계 각지의 극장 레퍼토리에 편입되어 한 세기가 훨씬 지난 20세기 말 일본에서도 지금껏 상연되고 있는 이유는, '제2제정기' 입법원 의장의 살롱을 위해 쓰였기에 그 장치가 단순해서 오펜바흐의 작품 중에서 가장 간편하게 상연할 수 있기 때문이

2 한국어판은 몰리에르, 『부르주아 귀족』, 이상우 옮김, 지만지드라마, 2019로 번역되었다.

다. 소프라노 두 명, 테너 세 명, 바리톤 한 명(바로 슈플뢰리 씨)에다 코러스도 몇 명만 있으면 돼서 등장인물이 적은데다, 반주는 피아노 하나면 충분하고 오케스트라를 동원하는 경우에도 최소 편성으로 충분하다. 게다가 작곡가가 다름 아닌 자크 오펜바흐인 만큼, 〈지옥의 오르페우스〉 같은 굵직한 작품의 대극對極에 위치하는 이 단막극이 자주 상연된다 해도 이상할 건 없다.

그런데 '사생아' 드 모르니가 서명한 텍스트에 대한 흥미로 이 작품에 접근을 시도하는 우리에게, 오펜바흐의 손으로 이루어진 음악적 측면은 분석 대상이 될 수 없기 때문에, 초연이 열린 1861년에 미셸 레비Michel Lévy 출판사에서 발간한 초판본을 토대로 이야기를 진행해보자. 악보는 같은 해에 E. 제라르 상회E. Gérard et Cie에서 출판되었고, 1984년에 안토니오 드 알메이다Antonio de Almeida가 편집한 영어-프랑스어 판이 현재도 유통되고 있으니, 이를 둘러싼 기술적·예술적 언급은 넘어가도 될 것이다.

이러한 시점에서 〈슈플뢰리 씨, 오늘 밤 집에 있습니다〉를 읽어보면, 외견상 부정할 수 없는 빈약함에도 불구하고, 이것이 '상연' 그 자체를 주제로 한 각본이라는 사실이 우리의 흥미를 끈다. 입법원 의장 관저의 살롱에 "부르주아적인 물건으로 장식된 살롱"이 만들어지고, 그곳을 무대로 연기가 펼쳐지는 오페레타와 그 오페레타를 구경하는 관객을 연기하는 모습을, 드 모르니의 초대를 받은 상류계급 손님들이 다시 본다는 이중 구조가 형성되기 때문이다. 물론 극중극이라는 구조는 그렇게 드물지 않고, 오펜바흐 자신이 〈파리의 생활La Vie parisienne〉 등에서 더욱 큰 규모로 활용한 상황이기도 하다.

하지만 여기서 묘사되는 것은 단순한 극중극이 아니며, 그 속에서 몇 가지 특징을 알아챌 수 있다. 우선 그 극중극이 진짜 가수를 모방하는 가짜 아마추어에 의해 연기된다는 점으로, 따라서 이를 연기하는 가수들은 진짜 가수를 '모방'하는 가짜 아마추어를, 즉 진짜의 입장에서 가짜인 양 연기해야 한다는 복잡한 입장에 놓이게 된다. 이렇듯 진짜와 가짜가 꼬여 있는 다분히 의도된 관계는, 사람들이 흔히 포스트모던적이라고 부를, 20세기 말의 예술 개념과 어딘가 통하는 데가 있을지도 모르겠다. 작자에게 그런 의도가 있었다고 생각하지는 않지만, 모차르트를 비롯한 유명 오페라나 가곡의 명대사가 여러 장면에 삽입된 이 각본은 상호텍스트성 이론가에게도 딱 어울리는 연구 영역이 될 법한데, 이런 지점에서도 의식하지 않은 포스트모던성이 얼굴을 드러내고 있다고 할 수도 있겠다.

독창적이라기보단 이미 알려진 요소들로 이루어진 이 오페레타에서 극중극이 갖는 또 하나의 흥밋거리는, 그것의 상연이 많은 사람을 속이려는 의도를 짊어지고 있다는 것이다. 그 목적을 위해 '모방'이라는 주제가 도입된다는 것은 이미 살펴본 대로인데, 유명한 가수로 변신해 어떻게든 관객을 속여 넘기는 데 성공했다고 안도하는 슈플뢰리 씨 자신이, 이번에는 딸과 그 연인에게 속는다. 요컨대 여기서는 아버지의 '뒤통수 치기'를 위한 '음모'로서 극중극이 펼쳐지고 있으며, 게다가 두 젊은이의 '음모'는 어떻게든 체면을 지키려는 가장家長의 약점을 물고 늘어지면서, 여러 사람이 둘러싸고 지켜보는 상황에서 작중인물의 대사 형태로 준비된 협박을 가함으로써 해피엔딩이라는 성공을 거두는 것이다.

〈슈플뢰리 씨, 오늘 밤 집에 있습니다〉는 무엇보다도 우선 성공한 '음모'를 주제로 한 오페레타 부파이다. 슈플뢰리 씨는 돈을 지불하면서까지 자기 이름의 명예를 지키려 하며, 그리하여 딸을 젊은 예술가에게 넘겨주고 만다. 이 부유한 사내에게 '금전'과 '여성'은 '이름'과 교환 가능한 기호나 다름없고, 여기서 '음모'는 그 등가성을 전제로 준비되었다고 해도 좋다. 존타그든 루비니든 탐부리니든, 중요한 것은 누구나 알고 있는 그 이름일 뿐, 그들을 연기하는 사람이 진짜인지 가짜인지는 더 이상 문제가 되지 않는 시대를 배경으로 이 '음모'는 착착 계획되어갔던 것이다. 〈슈플뢰리 씨, 오늘 밤 집에 있습니다〉가 '상연'을 주제로 한 각본이라고 한 것은 바로 이런 의미에서다. 여기에서는 더 이상 기호의 본질에 대한 의문이 제기되지 않으며, 교환 가능한 등가성이 성립하기 위한 기능만이 문제가 된다. 연기해야 할 역할의 우위만이 기호의 유통을 지탱하게 될 때, '음모'는 그 시스템을 손쉽게 활용하여 성취되며, 그리하여 이제 시스템의 변용을 시도해볼 필요조차 사라지게 되는 것이다.

7장
반복

순진한 관객의 공감을 부채질해서 같은 편으로 끌어들이고, 체면만을 중시하는 아버지의 약점을 잡아 협박이나 다름없는 행동을 하여 결혼 허락과 함께 상당한 액수의 지참금까지 얻어내는 데 성공했으니, 〈슈플뢰리 씨, 오늘 밤 집에 있습니다〉에서 두 젊은이가 꾸민 '음모'의 어이없는 성공을 오펜바흐의 오페레타에서 흔히 볼 수 있는 낙천적인 해피엔딩 가운데 하나로 여기는 것은 누구나 수용할 만하며, 오히려 아주 자연스러운 태도라고 해야 할지도 모르겠다. 하지만 이러한 소재를 오펜바흐에게 제공한 이가 다름 아닌 '사생아' 드 모르니라는 사실을 알고 있는 우리로서는, 이 결말에서 갈채를 보내는 극 중 관객의 순진함을 공유할 수 없으며, 입법원 의장 관저 내의 살롱을 메운 화려한 초대객의 여유 있는 미소를 순순히 자신의 것으로 받아들일 수도 없다.

실제로 여러 사람이 둘러싸고 지켜보는 상황에서 '아버지의 이름'을 버리고 바빌라 부인이라는 이름을 정당하게 획득한 에르네스틴은, 연인의 재기 넘치는 협력을 받아 말하자면 가정 내 '쿠데타'에 성공한 셈이니, 아버지가 "함정이야, 함정에 빠졌어"라고 중얼거리는 것도 충분히 납득이 간다. 또 "함정이야"라는 극 중 아버지의 중얼거림은, 1851년 12월 2일 이른 아침에 많은 국민의회 의원의 입에서 새어나온 똑같은 중얼거림이 프랑스 유권자의 압도적인 갈채 앞에서 완벽하게 무력했던 것처럼 아무런 유효성도 갖지 못했기 때문에, 이 오페레타 부파의 각본을 두 의붓형제가 권력 탈취를 위해 일으킨 정변을 상기하지 않고 읽기는 지극히 어렵다. 둘 다 성공한 '음모'인 이상, 어딘가 닮아 있다는 것은 부정하기 어려운 사실이기 때문이다.

하지만 입법원 의장 관저에서 하룻밤 여흥을 위한 이 소재를 오펜바흐에게 제시할 때, 드 모르니가 자기 자신이 관련된 과거 쿠데타를 의식하면서, 이를 굳이 한 편의 오페레타 부파로 만들어 잘 차려입은 남녀를 앞에 두고 상연한다는 계략에 은밀히 웃음 짓고 있었다고 주장하고 싶은 것은 물론 아니다. 또한 어느 모로 보나 뻔하다고 할 이 줄거리가, 읽는 법에 따라서는 성공한 '음모'의 추이를 무의식중에 반복하고 있으며, 동시대인에게는 식별하기 어려웠을 그 흔적을 찾아내는 일이 후세를 사는 우리의 의무라고 말하고 싶은 것도 아니다.

확실히 〈슈플뢰리 씨, 오늘 밤 집에 있습니다〉의 이야기는 루이 나폴레옹과 드 모르니에 의한 쿠데타와 당연하게도 어떤 측면에서 매우 닮았으며, 이미 지적한 '모방'이라는 주제를 끼워 넣어 '반복'의 인상을 주고 있음은 부정할 수 없다. 유명한 프리마돈나와 이탈리아 가수의 이름에만 끌릴 뿐 진짜와 가짜의 구별조차 할 수 없는 관객의 무지를 전제로 실행에 옮겨진 극에서의 '음모'는, 나폴레옹이라는 이름만 있으면 국민투표에서도 무난히 이길 수 있다는 계산으로 '적자'를 쿠데타로 이끌어간 '사생아'의 셈속과 무관하다고 할 수 없기 때문이다. 또 아버지가 "저주다, 저주받아라"라고 극 중에서 절규할 때 거의 제 기능을 하지 못하고 끝난 '저항 위원회'에서의 빅토르 위고의 흥분이나 이후에 그가 쓰게 될 시집 『징벌 *Les Châtiments*』의 어투를 떠올리지 않을 수 없고, "함정이야"라고 말하면서도 어떤 유효한 수단도 선택하지 못하는 모습을 왕당파 '성주'들의 무위무책無爲無策과 겹쳐 보는 것도 결코 불가능하지는 않다.

하지만 이러한 사실보다, 1851년과 1861년에 드 모르니가 썼다고 여겨지는 두 편의 텍스트에서 서명이 관여하는 방식의 유사성이 우리의 흥미를 끈다. 그는 어느 쪽에서나 루이 나폴레옹 보나파르트와 자크 오펜바흐라는 타인의 서명 옆에 자기 이름을 써넣었으며, 전자에서는 대통령과 내무대신, 후자에서는 작곡가와 작사가라는 처지, 즉 제2의 서명자라는 처지에 만족한다. 1851년 「포고」는 제쳐두더라도, 책으로 발간된 『슈플뢰리 씨, 오늘 밤 집에 있습니다』의 표지에는 드 모르니의 필명인 드 생 레미가 오펜바흐의 이름 앞에 인쇄되어 있지만, 사람들이 이 두 텍스트에서 아주 자연스럽게 상기하는 건 어디까지나 '나폴레옹 3세의 쿠데타'이고 '오펜바흐의 오페레타'인 것이다. 여기서 드 모르니의 위치는 조연까지는 아니더라도 주역을 빛나게 해주는 공동 출연자에 가깝지만, 이미 지적한 대로 쿠데타 결단을 대통령에게 강하게 밀어붙인 이도, 소재를 보여주면서 오페레타 상연을 작곡가에게 의

뢰한 이도, 다름 아닌 드 모르니이다. 두 편의 텍스트가 행위로서 연기될 때, 그 실현을 추진했을 사람의 서명이 적혀 있는 위치의 애매함이라는 점에서, 확실히 유사한 구석이 있다.

애매함이라는 측면에서, 이들 텍스트는 그 저자라고 불러야 할 것의 동일성이 불확실하다는 점에서도 두드러진 유사성을 형성하고 있다. 둘 다 서명자만이 텍스트의 진정한 저자라고 판단하기 어려운 사정이 개입하기 때문이다. 실제로 1851년 「포고」에 대통령 관저에서의 '음모'와 관련된 여러 사람의 의지가 반영되었던 것처럼, 1861년 오페레타 부파의 각본 집필에도 이미 언급한 알레비에 더해 엑토르 크레미외Hector-Jonathan Crémieux, 에르네스트 레핀Ernest L'Épine 등이 참여했다고 알려져 있다. 어쨌든 두 텍스트는 저자로서의 드 모르니(그리고 드 생 레미)라는 이름의 형식적인 현존에도 불구하고, 확실한 주체로의 귀속이 미리 끊어진 채로 허공을 떠돌며, 서명조차 그 기원을 정당화할 수 없을 뿐 아니라 오히려 사태에 혼란을 더하고 있는데, 그런 의미에서 저자라는 부성父性적 권위에 의해 전혀 통제되지 않는 '사생아'적인 무책임성에 맡겨져 있다. 「포고」에서 내무대신의 서명이 그러했듯, 여기서 드 생 레미의 서명은 이미 몇 편의 보드빌이나 '격언극'[1]의 작가로서 사용된 바 있지만 텍스트의 유일하고 정통

1 격언극proverbe은 18~19세기 프랑스에서 유행한 연극 장르로, 속담이나 격언을 가볍고 세속적으로 다루는 극이다.

적인 기원이라고는 도저히 간주하기 어려우며, 일시적인 형식을 넘어서지 못한다.

이러한 사실의 지적에서 더 나아가, 「포고」와 〈슈플뢰리 씨, 오늘 밤 집에 있습니다〉를 연결시키는 기묘한 유사성이 존재한다. 이 두 편의 텍스트 모두 좀처럼 프랑스인이라고 하기 힘든 인물 곁에 드 모르니(혹은 드 생 레미)라는 참으로 프랑스적인 이름이 덧붙어 있는 평행 관계를 이루는 것이다.

이미 언급했듯이, '적자' 루이 나폴레옹은 1848년 2월 혁명에 의해 '7월 왕정'이 붕괴하고 이름뿐인 공화제가 수립될 때까지 프랑스 땅을 밟지 않았다. 봉기에 실패해 추방되거나, 범죄자로서 성채에 유폐된 것이 프랑스 체재의 전부였다. 법적으로 프랑스 국적을 박탈당해 유년기부터 청년기까지 대부분을 스위스나 이탈리아 혹은 영국에서 보냈으며, 독일 김나지움에서 중등교육을 받았기에 대통령에 취임한 후에도 외국인 같은 어투로 프랑스어를 말했다고 한다. 1851년 쿠데타에 의해 최종적인 준비가 되는 '제2제정기'는 국민 대다수가 외국인에 가깝다고 할 수밖에 없는 인물을 황제로서 용인했던 기묘하게 모순된 한 시기로 기억될 텐데, 유대계 독일인 작곡가 자크 오펜바흐가 그다지 정통적인 장르라고 보기 힘든 오페레타를 통해 파리 음악계의 총아로 떠받들리다가 이윽고 프랑스 국적을 얻어 레지옹 도뇌르 훈장까지 받게 된다는 사실은 그 애매함 탓에 쉽게 무너뜨리기 힘든 제국의 지배구조와 기묘한 유사성을 형성하고 있다. 왕정을 타도하고 공화제를 수립한다는 근대 프랑스의 공인된 역사에서는 '사생아'적 우회로 간주될 수밖에 없는 제정帝政이, 오페라 극장에서의 상연에 어울리는 공식적인 음악 전통에 대해 오페레타가 보여주는 '사생아'성과 통하는 무언가를 지닌다는 점을 부정하기는 어렵기 때문이다.

공인되기는 어려워도 실질적인 승리자나 다름없는 두 명의 '외국인' 이름 옆에, 드 모르니의 서명이 누구나 식별할 수 있는 '프랑스성性'의 표식으로서 각인됨으로써 텍스트의 정통성을 형식적으로 보증하는 기능을 맡고 있다는 사실은, 이제 명백할 것이다. 형식적이라고 한 이유는 '드 모르니'라는 이름이 아버지가 부재한 탓에 날조해낸 가족 이름에 다름 아니기 때문이며, 또한 필명 드 생 레미도 마찬가지인데, 두 이름에 포함된 전치사 'de'가 구제도 이래 출신과 혈통에 대한 정당성 보증을 모방하면서 풍기는 귀족적 분위기에 의해 신화로서의 '프랑스성'을 간신히 유지하고 있기 때문이다. 그런 의미에서 드 모르니의 서명은 배타적인 정통성을 주장함으로써 자기동일성을 얻는 것과는 상당히 거리가 멀고, 냉소적이고 원칙을 결여한 타협의 풍토라고 할 만한 것을 표상하고 있으며, 또 그 기능을 매개적 혹은 조정자적이라고 할 법한 방식으로 오히려 텍스트가 지니는 귀속성歸屬性의 애매한 방치를 지향한다고 할 수 있다는 점에서도, 1851년 「포고」와 1861년 오페레타 부파는 일종의 유사성을 보여준다고 하겠다.

    이 귀속성의 애매함은 틀림없이 드 모르니적이다. 왜냐하면 '적자' 루이 나폴레옹을 위해 황제 자리를 준비하고 즉위를 위한 '음모'까지 수행했지만, '사생아'는 어떠한 의미에서도 보나파르트파에 소속하지 않았으며, 나아가 나폴레옹 사상의 열렬한 신봉자도 전혀 아니었기 때문이다. 가끔 자신을 '사회주의자'라고 불러 사람들을 놀라게 했던 루이 나폴레옹은 공화주의자의 대두보다 오히려 오를레앙파의 복권을 더 걱정했으며, 그랬기에 오를레앙 가문의 자산을 '국유화'한다는 '사회주의적인' 정책을 실행에 옮겼지만, 7월 왕정 아래에서 두각을 나타냈던 드 모르니는 애초에 자신의 '프랑스성'의 근거를 국왕 루이 필리프의 친족과 그 지지자들과의 교류에 빚지고 있는 이상 크게 주저하지 않고 오를레앙파라고 자인했고, 의붓형도 이 사실을 잘 알고 있었다. 드 모르니의 입장에서 보면 자신의 존재로 인해 도래하게 될 '제국'이 적어도 오를레앙파를 적으로 삼지 않고 완성되어야 한다는 조정자적인 마음을 품고 있었던 것 같지만(사실 왕당파의 많은 이는 황제의 몸에 무슨 일이라도 생길 경우, 입법원 의장이 그 권력을 계승하리라는 막연한 기대를 갖고 있었다), 그렇다고 해서 그가 정통 부르봉파에 대항해야 한다는 오를레앙 가문의 입헌군주제적 이상을 확신하고 있었던 것도 아니다. 정치적인 정책 또는 주의·주장과는 대체적으로 무연했던 드 모르니의 행동은 오로지 사교적인 인맥의 원리에 바탕했고, 적어도 금융 확대에 의한 산업 진흥을 정책 기조로 삼았던 의붓형이 그러했던 것만큼의 근대적인 정치가조차 아니었다고 해야 할 것이다.

오를레앙 가문의 자산을 국유화하는 사회주의적 정책에 반대한다는 명분으로 그가 취임 직후 내무대신 직을 사임한 일도, 정치적이라기보다는 사교적 동기에 따른 행동으로 해석해야 한다. '적자'가 '국유화'한 자산을 바탕으로 공공투자와 복지 확충을 밀어붙이려 할 때, '사생아'는 오랫동안 친분이 두터운 사이로 공식적인 정부로까지 여겨졌던 오를레앙파 르 옹 백작 부인의 신뢰를 저버릴 수 없다는 개인적인 사정이 있었던 것이다.

루이 나폴레옹의 의붓동생으로서 그의 권력 탈취에 가담했지만, 그럼에도 그 정적이라 할 오를레앙파 귀족의 아내를 연인으로 둔 드 모르니는, 그야말로 정치적 귀속성을 결여한 애매한 존재일 수밖에 없다. 하지만 그러한 모순을 심각하게 고민하는 일 없이, 극히 냉철하게 '음모'를 성공시키는가 하면, 그 직후에 간단하게 내각을 떠나버리는 그의 냉소적인 기회주의는, '제2제정기'에 사람들을 매료시킨 오페레타라는 장르에 나오는, 곤란한 상황에서 등장인물이 곤경에 처하더라도 마지막에는 반드시 모든 일이 원만히 해결된다는 구조가 보증하는 심각성의 결여와 어딘가 통하는 면이 있다. 드 모르니에게 정치란 실현해야 할 정책 따위와는 대체적으로 무관한 사교 기술이나 다름없고, 약간의 위험이 따르기는 해도 여유 있게 임하면 최종적인 즐거움이 약속되어 있으며, 합의만 되면 파국을 얼마든지 피할 수 있는 유희에 지나지 않았기 때문이다.

우아한 피서지로 사람들의 인기를 끌기 시작한 노르망디의 해변 도빌Deauville을 경마와 도박을 할 수 있는 호화 시설을 갖춘 사교 리조트로 개발한 이가 드 모르니였다는 사실은 자못 상징적이다. 어떠한 의미에서도 직업 정치인이 아니었던 그는, 정치를 비非심각화하여 권력을 부드럽게 성취하는 정치성 면에서 일종의 천재적인 영감을 타고났다고 할 수 있을지도 모른다.

하지만 1851년 12월 2일 쿠데타가 심각성을 결여한 주모자들에 의해, 유희처럼 거리낌 없이 준비되었다는 것은 아니다. 그러기는커녕 경제적 사정은 절박했고, 그들의 행동은 진지함 그 자체였다고까지 해야 한다. 사실 루이 나폴레옹은 대통령 취임 이후 빈궁의 밑바닥에 있었고, '음모'가 성공하지 않는 한 쌓여가는 빚을 갚을 엄두조차 낼 수 없었기 때문이다.

쿠데타의 자금원이 어디였는지에 대해서는 아직 충분히 밝혀지지 않았지만, 루이 나폴레옹이 1852년 런던의 한 은행에 81만 4천 프랑이라는 거액의 빚을 변제하고 있었던 것을 보면, 쿠데타 직전에 그는 틀림없이 상당한 부채를 안고 있었으며, 사촌동생 마틸드 황녀가 귀금속을 담보로 맡겨 4천 프랑을 마련해서 그에게 빌려줬을 정도였다. 로스차일드 은행은 오를레앙파적 색조가 강했기 때문에 융자를 바라기 어려웠으며, 자금 원조는 대부분 개인적인 호의나 외국 은행에 의존할 수밖에 없었다. 한편 드 모르니는 쿠데타 이전이나 이후나 계속 르 옹 백작 부인의 재산을 매우 당당하게 낭비했는데, 1857년경 두 사람의 관계가 파국을 맞게 된다. 이때 빚의 이자를 어떻게 처리할지를 둘러싸고 스캔들 비슷한 사태가 벌어지자, 이번에는 다름 아닌 나폴레옹 3세가 직접 중재에 나선다. 의붓형이 의붓동생보다 이 경제적 사태를 더 심각하게 받아들였던 것이 확실하다.

어쨌든 쿠데타에 앞서 몇 년간 의붓형제는 극심한 재정난에 시달렸는데(국민의회가 대통령에게 들어가는 예산을 엄격하게 제한하고 있던 것을 상기하자), 이들의 빈궁은 「포고」와 〈슈플뢰리 씨, 오늘 밤 집에 있습니다〉라는 두 텍스트가 갖는 생생한 유사성을 재차 떠올리게 만든다. 이 점에 관한 한, 젊은 연인이 아버지의 '뒤통수를 쳐서' 결혼 허락과 함께 5천 프랑의 지참금까지 빼앗는 오페레타 부파의 결말은, 적자와 사생아의 정권 탈취에 대한 충실한 보고로도 읽을 수 있기 때문이다.

사실 제2공화국 아래에서는 대통령 연봉으로 단 60만 프랑의 연봉을 받는 데 불과했던 루이 나폴레옹은, 쿠데타 이후 단번에 1,600만 프랑의 개인 예산을 획득하게 된다. 물론 드 모르니를 비롯하여 장관들에게도 그와 비슷한 조치가 취해져, 48만 프랑이었던 그들의 연봉은 2배가 넘는 100만 프랑으로 증액되었다. 그러므로 '적자'와 '사생아'에 의한 '음모'의 성공은 단순히 비합법적인 권력 탈취에 그치지 않고, 그와 동시에 혹은 그에 더해서 '보통선거' 회복을 교환 조건으로 하는 거액의 금전 획득을 의미했다. 이러한 사태의 추이를 1861년 5월 31일 입법원 의장 관저에서 초연된 오페레타 부파가 과하다 싶을 정도의 정확한 필치로 기술하고 있다고 보아도 이상할 게 없다. 사실 '국민의회'의 '뒤통수를 친' 두 사람은 누구도 예상하지 못할 연봉을, 그것도 선거권을 얻은 대다수 유권자의 승인을 받은 뒤 거짓말처럼 쉽게 자기 손에 거머쥔 것이다. 이 어처구니없고 현실감을 결여한 낙천적인 종막은 경마나 룰렛에서의 뜻하지 않은 대박, 혹은 오페레타의 대단원이 아니면 결코 일어날 수 없는 픽션처럼 보이기까지 한다.

하지만 1851년과 1861년에 드 모르니가 서명한 두 편의 텍스트가 몇몇 세부에서 유사성을 지닌다는 점을 부정하기 어렵다는 이유로, 바빌라와 에르네스틴이 설치한 '함정'이 두 의붓형제의 '음모'의 성공을 충실히 모방하고 있다고 결론 내리는 것은 이 글의 의도가 아니다. 확실히 우리는 여기서 '반복'에 대해 말하고 싶은 유혹을 받게 되며, 실제로도 '반복'은 확실히 일어나고 있다. 그렇지만 〈슈플뢰리 씨, 오늘 밤 집에 있습니다〉가 10년 전 12월 2일 쿠데타를 '반복'하고 있진 않으며, 또 "역사는 반복된다"는 헤겔적인 테제를 원용하는 마르크스가 조카 루이 나폴레옹에 의한 비합법적인 정권 탈취를 삼촌 나폴레옹의 "브뤼메르 18일"에 대한 "소극"으로서의 반복이라고 파악한 것도 정확성을 결여하고 있다고 말하지 않을 수 없다. '적자'와 '사생아'에 의한 '음모'는 '과거의 망령'들을 소환하여 농민층의 잠재적 욕망과 경제적 이해를 교묘히 조정하고, 이른바 '룸펜 프롤레타리아트'를 자기편으로 끌어들이는 2대째의 '나폴레옹 사상'만으로는 설명할 수 없으며, 산업계와 금융계를 지배하는 부르주아지가 적극적이진 않았지만 소극적으로나마 공범 관계를 맺지 않았으면 그 성공은 있을 수 없었고, 그 영역에서 의붓동생에 의한 정치의 비심각화라는 냉소적인 정치성이 '제국'의 유지에 무시하기 어려운 위력을 발휘하게 될 것이다. 바로 이것이야말로 오페레타 시대에 어울리는, 수상쩍고 희박하지만, 집요하게 유지되는 권력의 지배 형태에 다름 아니다.

 마르크스가 말하듯 나폴레옹 3세의 쿠데타는 확실히 무언가를 '반복'하고 있지만, 『루이 보나파르트의 브뤼메르 18일』의 저자는 명백히 상연해야 할 장르를 잘못 보았다고 해야 할 것이다. 이 '음모'에서 문제시되는 장르는 '소극'이 아니라

'오페레타 부파'이며, 게다가 그것은 한번 '비극'으로 연기된 것을 다시 연기하는 탓에 지루해진 재연이 아니라, 아직 상연되지도 않은 작품을 그것이 쓰이기 정확히 10년 전에 이미 실연實演해버린 것이었다. 요컨대 〈슈플뢰리 씨, 오늘 밤 집에 있습니다〉가 1851년 쿠데타를 재현한 것이 아니라, 오히려 쿠데타 쪽이 그 줄거리를 충실히 모방하는 데 성공했다는 사태의 역전이야말로, 여기서의 '반복'의 실태인 것이다. 이것은 정치적인 것이어야 할 권력 탈취를 비심각화함으로써 실현되는 정치성의 냉소적이고 낙천적인 승리에 다름 아니며, 먼저 '비극'으로서 연기된 것이 나중에 '소극'으로 재연된다는 헤겔적인 역사관으로는 통제할 수 없는 사태의 도래를 마르크스는 놓치고 있다고 말하지 않을 수 없다. 이는 『루이 보나파르트의 브뤼메르 18일』에서 그처럼 예리하게 프랑스 사회를 분석할 수 있었던 마르크스가, 「포고」에 루이 나폴레옹과 함께 서명한 드 모르니의 존재를 가볍게 보고, 그에 의해 표상되고 있는 정치적 풍토의 현실성을 분석 대상으로 삼지 않았기 때문일 것이다.

말할 필요도 없지만, 1851년 12월 1일 밤 오페라 코미크 극장의 박스석에 모습을 비추었던 드 모르니의 존재 자체는 그의 오페레타 부파가 그러했듯 역사적으로 조금도 본질적이지 않으며, 언제라도 미소와 함께 적당히 넘겨버리면 되는 지극히 범용凡庸한[2] 조연에 지나지 않을 것이다. 실제로 〈슈플뢰리 씨, 오늘 밤 집에 있습니다〉가 입법원 의장 관저에서 갈채를 받은 지 겨우 몇 년 후에 황제의 '의붓동생'은 어이없이 병으로 사망하고 말았지만, 이는 제국의 정치적 기반을 조금도 동요시키지 않았다. 하지만 역사적으로 조금도 본질적으로 여기기 어려운 것들을 형태 짓는 냉소적인 역사성이라고 해야 할 현실이, 어느 시기부터 이 세계에 틀림없이 존재하기 시작했던 것이다. 실제로 애매하고 희박하다는 이유로 '사생아'적이라고 생각하기 쉬운 이 현실을 무시하면, 역사 자체를 추상화하지 않을 수 없는 시대가 프랑스 '제2제정기'와 함께 시작되고 있었다. 이러한 토양에서 아주 멀리 떨어져 있지 않고, 그 20세기적인 판본이 주위에 날로 번식하고 있는 오늘날, 1851년 12월 2일 「포고」와 〈슈플뢰리 씨, 오늘 밤 집에 있습니다〉라는 두 편의 텍스트를 다시 읽어보는 일이 결코 가치 없지는 않을 것이다.

---

2 하스미 시게히코의 '범용함' 개념은 「옮긴이의 말」에서 더 다루었다.

저자 후기

'범용'을 그림으로 그린 듯한 인물들의 그림자가 나름의 명성을 코트처럼 몸에 걸치고, 냉소적인 발걸음으로 천천히 역사를 가로질러 간다. 여유롭게 멀어져가는 그 뒷모습은 이 세계에 대해 별다른 집착도 없어 보여, 아무래도 이쪽을 돌아볼 것 같지 않다. 그렇다면 멀어지는 대로 내버려두는 것이 그나마 조심스러운 태도일 것이다. 아니면 살짝 신호를 보내서, 멈추면 한마디 말을 걸어봐야 할까.

어쨌든 죽은 자를 무리해서 소환하는 일은 우리의 취미가 아니다. 하지만 멀어져가는 그림자가 잠깐 멈춰 서서 이쪽으로 시선을 던진다면, 그것을 받아들일 용의는 항상 있다. 모르니 공소으로 알려진 그림자가 우리의 시야에 모습을 드러낸다면, 그것을 향해 던지기에 걸맞은 시선도 어느 정도 갖추고 있으리라 믿는다. 여기『제국의 음모』라는 제목으로 쓰인 작은 책은 말하자면 그런 시선의 증언에 다름 아니다.

예를 들면 버드 보티커Budd Boetticher 감독의 상영 시간 77분짜리 B급 활극을 닮은 얇고 가벼운 책을 쓰고 싶다는 꿈은, 두껍고 무거운 책이 될 듯했던『범용한 예술가의 초상』[1]을 집필하는 도중에 이미 떠오르고 있었다. 그것이 니혼분게

이샤의 고야마 아키카즈小山晃一 씨의 권유로 갑자기 가능해졌을 때, 멀어져가는 드 모르니의 희박한 뒷모습이 최적의 주제로서 내게 다가왔던 것이다. 결코 억지로 불러 세우지는 않았다. 살짝 발을 멈춘 다음 완전히 돌아서지는 않은 채 시선만 돌린 이는 그쪽이었다. 나로서는 황제 나폴레옹 3세의 '의붓동생'이었던 그 그림자에 그저 감사할 뿐이다. 그 그림자가 담겨야 할 윤곽을 보다 선명하게 만들기 위한 귀중한 자료를 빌려주신 오구리 준이치小栗純一 씨에게도 이 기회를 빌려 감사를 표한다.

아마 도쿄대학 교양학부 프랑스과와 릿쿄대학 문학부 프랑스문학과에서 '제2제정기의 문화'라는 강의나 세미나에 출석했던 사람들이라면, 이 얇고 가벼운 책의 어느 부분에서 과거의 기억을 문득 떠올릴 수도 있을 것이다. 하지만 모든 일은 아주 최근에 일어났다. 그 무렵 이 책의 저자는 아직 드 모르니와 시선을 교환한 적이 없었다. 그가 완전히 돌아서지는 않은 채 시선만 돌린 것은, 불과 몇 달 전의 일이다.

1991년 7월 저자

1   『범용한 예술가의 초상: 막심 뒤 캉론凡庸な芸術家の肖像: マクシム・デュ・カン論』은 하스미 시게히코가 1988년에 발간한 주저로서, 방대한 분량으로 플로베르Gustave Flaubert의 '범용한 친구'로 알려진 막심 뒤 캉Maxime Du Camp의 족적을 추적한다. 국내에는 『범용한 예술가의 초상』, 이승준 옮김, 비고, 2024로 발간되었다.

문고판 후기

 나의 결코 짧다고는 할 수 없는 두 권의 책 『범용한 예술가의 초상: 막심 뒤 캉론』(1988)과 『『보바리 부인』론「ボヴァリー夫人」論』(2014)에서 주된 시대 배경이 되고 있는 프랑스의 이른바 '제2제정기'를 둘러싸고, 카를 마르크스가 『루이 보나파르트의 브뤼메르 18일』(1852)의 끝부분에서 단 한 번 짧게 언급하고 있는 '드 모르니 씨'라는 남자의 그림자를 '주역'으로 삼아 새롭게 논해보고 싶다. 이런 생각은 1980년대 중반에 지금은 더 이상 존재하지 않는 파리 리슐리외 가의 프랑스 국립도서관에서 『슈플뢰리 씨, 오늘 밤 집에 있습니다*M. Choufleuri restera chez lui le…*』(opérette-bouffe en 1 acte, par MM. de Saint-Rémy et Offenbach, Paris: Michel-Lévy, 1862)의 초판본을 만난 순간부터 작은 야심으로서 제 가슴 어딘가에 싹트게 된 듯합니다.

 그렇지만 초판「저자 후기」에도 기록해두었듯이, 그것이 일본어 책 형태를 갖추는 데는 2년 정도의 세월이 필요했는데요, 당시 교편을 잡고 있던 도쿄대학 교양학부 프랑스과와 비상근 강사로 출강하고 있던 릿쿄대학 문학부 프랑스문학과에서 '제2제정기의 문화'를 다루는 강의와 세미나를 진행하면서, 이를 상세하게 논했습니다. 그러한 기간을 거친 후, 저의 저작으로는 매우 드물게도 비교적 짧은 한 권의 책으로 발간되었습니다. 이 책은 저 자신이 저자로서 상당한 집착을 지니고 있는 저작으로, 이를 출간할 수 있게 해준 니혼분게이샤의 당시 편집자 아키카즈 씨에게 재차 깊은 감사의 뜻을 바치는 동시에, 이번 문고 발간도 진심으로 축복하고 싶습니다.

이 내용을 책으로 만들면서, 이른바 '학술 논문'으로는 절대 발표하지 않겠다는 태도를 강하게 관철하려 했습니다. 그렇다고 에세이라고 할 만하지도 않지만, 가능하면 문화적이고 정치적인 '팸플릿'처럼 읽혔으면 하는 것이 저자로서의 진솔한 마음이었습니다. 상세한 주석이나 원전 참조 등을 굳이 자제한 이유가 이것인데, 자세한 참조 항목을 알고 싶은 분이 계시다면, 이 책의 축약판이라 할 만한 프랑스어 텍스트인 Shiguéhiko Hasumi, "Coup d'État et opérette-bouffe"(*Littérature*, no. 125, mars 2002, pp. 32~41)를 참조하시기 바랍니다. 책 전체가 7장으로 이루어진 이유는, 말할 것도 없이 마르크스 저작의 7부 구성을 고려한 것입니다.

하지만 간행 이래 30년 가까운 세월이 지난 지금 다시 읽어보면, 아무래도 문화적이고 정치적인 '팸플릿'이라는 체제가 눈에 띄게 희미해져, 어딘지 모르게 픽션의 기미가 여기저기 감도는 듯합니다. 묘사 대상인 드 모르니 씨는 틀림없이 실재했던 인물이긴 하지만, 그의 행동에 대해 말하는 투가 허구적으로 다가오는 것은 부정하기 어렵기 때문입니다.『범용한 예술가의 초상: 막심 뒤 캉론』(이 책이 고단샤 문예문고의 한 권으로서 재차 문고판으로 나올 때는, 전 동료인 구도 요코工藤庸子 씨가 훌륭한「해설」을 써주셨습니다)의 '주역'인 실재했던 인물 막심 뒤 캉도 말하면 말할수록 픽션 같은 그늘이 드리우게 된 것처럼, 여기서도 고귀한 '사생아' 이야기가 하염없이 애매모호하게 픽션의 기미를 띠면서, 확실하면서도 동시에 애매하기도 한 윤곽에 담기는 것을 무엇도 막지 못했습니다. 그럼에도 불구하고 드 모르니 씨를 다룬 그 어떤 책들(대부분 19세기에서 20세기 초에 걸쳐 출판되었고, 모두 프랑스어로 쓰였습니다)보다도, 여기에 그 인물을 둘러싼 진실에 가까운 무엇인가가 숨 쉬고 있으리라 저자는 믿고 있습니다.

그 "진실에 가까운 무엇"이란 도대체 어떤 것인가. 그것은 드 모르니 씨가 했던 언동의 그랬어야 했던 측면(예를 들어, "역사적으로 조금도 본질적으로 여기기 어려운 것들을 형태 짓는 냉소적인 역사성이라고 해야 할"[116쪽] 것)이 누구나 갖추고 있을 유추 능력을 작동시킴으로써, 21세기를 사는 우리 주위에서 일어나고 있는 이러저러한 상황과 어딘지 모르게 닮았다고 생각하지 않을 수 없는 현실에 다다르게 되는 것입니다. 누구나 알고 있듯이 "역사적으로 조금도 본질적으로 여기기 어려운 것들을 형태 짓는 냉소적인 역사성이라고 해야 할" 현상에 대해 말하는 데 있어서, '근대적인 언설'은 특히나 서툴렀습니다. 굳이 말하자면 '후기-근대적인 언설', 극히 안이하게 도식화한다면 이른바 '포스트모던적인 언설'만이 이에 관해 겨우 말할 수 있는 듯 여겨집니다.

그러할 때 여기서 단언할 수 있는 한 가지가 있다면, 이른바 '근대적인' 현상은 이른바 '포스트모던한' 현상과 거의 동시에 태어났다는 것입니다. 전자는 후자를 언설의 대상으로 삼을 수 없고, 후자 또한 전자를 언설의 대상으로 삼을 수 없었을 뿐, 두 언설은 끊임없이 동시에 기능하고 있었습니다. 사실 '제2제정기'에 조금이나마 진지한 시선을 보내보면, 그것은 '근대적인' 현상인 동시에 명백히 '포스트모던적인' 현상이기도 했다고 할 수 있습니다. '포스트모던'이란 '모던' 즉 '근대' 이후에 태어난 것이 아니라, 분명 그 애매한 발생 양식을 거의 동시에 관찰할 수 있는 현상이기 때문입니다. 21세기에 들어선 지도 18년이 지나 지쿠마 학예문고의 한 권으로 발간되는 이 책에서, 이런 부분이 새롭게 독자가 될 남녀(가능하다면, 젊은이)에게 어떻게 받아들여질지, 저자는 숨죽여 지켜볼 수밖에 없습니다. 그런 의미에서, 아직 젊다고 해야 할 이리에 데즈로入江哲朗 씨가 「해설」 집필을 흔쾌히 승낙해주셔서 기쁘기 그지없습니다. 감사합니다.

『제국의 음모』가 이번에 지쿠마 학예문고의 한 권으로 다시 나오는 과정에서, 원래 텍스트에서 꼭 필요한 부분만 최소한으로 수정하고 바로잡았습니다. 니혼분게이샤와 조율하

는 일부터 번거로운 편집까지 지쿠마쇼보 제3편집실의 기타무라 요시히로北村善洋 씨가 애를 쓰셨습니다. 『감독 오즈 야스지로(증보결정판)監督 小津安二郎(増補決定版)』[1]와 『할리우드 영화사 강의: 그늘의 역사를 위해서ハリウッド映画史講義: 翳りの歴史のために』의 문고판 발간에 이어 이것저것 신세를 진 기타무라 씨에게 진심으로 감사한 마음을 바치며, 이 「문고판 후기」를 끝냅니다.

2018년 9월 저자

---

[1] 한국어판인 하스미 시게히코, 『감독 오즈 야스지로』, 윤용순 옮김, 한나래, 2001은 증보결정판이 아닌 초판에서 옮긴 것이다.

서지사항

1. 드 모르니의 텍스트

Les Bons conseils, comédie en 1 acte, par M. de Saint-Rémy, Paris: Michel-Lévy, 1865.
"Circulaire" de M. le Ministre de l'Intérieur (de Morny) relative à l'élection générale des 20 et 21 décembre 1851, Lyon, Dumoulin et Bonet.
"Circulaire" de M. de Morny aux Maires, pour les inviter à convoquer les électeurs à l'effet de voter sur le plébiscite du 2 décembre, 1951.
"Circulaire" de M. de Morny aux préfets des départements pour leur annoncer la dissolution de l'Assemblée législative et leur prescrire les mesures de surveillance et de répression commandées par la situation, le 2 décembre 1851.
Comédies et proverbes, par M. de Saint-Rémy, Paris: Michel-Lévy, 1865.
Extrait des Mémoires du duc de Morny—Une ambassade en Russie, 1856, Paris: Ollendorff, 1892.
Les Finesses du mari, comédie en 1 acte, par M. de Saint-Réemy, Paris: Michel-Lévy, 1864.
M. Choufleuri restera chez lui le⋯, opérette bouffe en 1 acte par MM. de Saint-Rémy et Offenbach, Paris: Michel-Lévy, 1862.
Mr. Choufleuri restera chez lui le⋯, operetta buffa in 1 act, Libretto by M. de St-Rémy, English Version by Edward Mabley, New York: Belwin-Mills Publishing Corp., 1984.
Pas de fumée sans un peu de feu, comédie par M. de Saint-Rémy, Paris: Michel-Lévy, 1864.

"Quelles réflexions sur la politique actuelle", Paris: Gerdes, 1847.

Question des sucres, Paris: F. Locquin, 1839.

Le Secret du coup d'État—Correspondance inédite du prince Louis-Napoléon, de MM. de Morny, de Flahault et autres(1848~1852), publié avec une introduction de Lord Kerry, traduit de l'anglais par le baron de Jacques de Maricourt, Paris: Emile-Paul, 1928.

La Succession Bonnet, comédie-vaudeville en 1 acte, par M. de Saint-Rémy, Paris: Michel-Lévy, 1864.

Sur la grande route, proverbe en 1 acte, par M. de Saint-Rémy, Paris: A. Bourdrilliat, 1861.

2. 참고문헌

Agulhon, Maurice, *1848 ou l'apprentissage de la république (1848~1852)*, Paris: Éditions du Seuil, 1973.

Allem, Maurice, *La vie quotidienne sous le Second Empire*, Paris: Hachette, 1947.

Austin, J. L., *How to Do Things with Words*, Oxford: Oxford University Press, 1975[『말과 행위』, 김영진 옮김, 서광사, 1992].

Bonaparte, Louis-Napolén, *Des Idées napoléoniennes*, Paris: Paulin, 1839.

　　Extinction du paupérisme, Paris: Bonaventure et Ducessois, 1848.

Briais, Bernard, *Grandes Courtisanes du Second Empire*, Paris: J. Tallandier, 1981.

Campbell, Stuart L., *The Second Empire Revisited*, New Jersey: Rutgers University Press, 1978.

Dansette, Adrien, *Louis-Napoléon à la conquête du pouvoir*, Paris: Hachette, 1961.

　　Du 2 décembre au 4 septembre, Paris: Hachette, 1972.

Naissance de la France moderne, Paris: Hachette, 1976.

Decaux, Alain, *Offenbach roi du second Empire*, Paris: Perrin, 1966.

Deleuze, Gilles, *Différence et répétition*, Paris: PUF, 1968[『차이와 반복』, 김상환 옮김, 민음사, 2004].

—— *Logique du sens*, Paris: Les Éditions de Minuit, 1969[『의미의 논리』, 이정우 옮김, 한길사, 1999].

Derrida, Jacques, "Signature évenement contexte," in *Marges de la philosophie*, Paris: Les Éditions de Minuit, 1972[「서명 사건 맥락」, 김우리 옮김, 문화연구 제9권 1호, 2021].

Du Camp, Maxime, *Souvenirs littéraires*, 2 vols., Paris: Hachette, 1882.

Guériot, Paul, *Napoléon III*, 2 vols., Paris: Payot, 1980.

Huard, Raymond, *Le suffrage universel en France(1848~1946)*, Paris: Aubier, 1991.

Loliée, Frédéric, *Le Duc de Morny et la Société du Second Empire*, Paris: Émile-Paul, 1909.

Marx, Karl, *Le 18 Brumaire de Louis-Bonaparte*, Paris: É. sociales, 1963[『루이 보나파르트의 브뤼메르 18일』, 『프랑스 혁명사 3부작』, 임지현·이종훈 옮김, 소나무, 2017; 『루이 보나파르트의 브뤼메르 18일』, 최형익 옮김, 비르투, 2012].

Plessis, Alain, *De la fête impériale au mur des fédérés(1852~1871)*, Paris: Éditions de Minuit, 1972.

Robert, Marthe, *Roman des origines et origines du roman*, Paris: Grasset, 1972[『기원의 소설, 소설의 기원』, 김치수·이옥윤 옮김, 문학과지성사, 1999].

Seguin, Philippe, *Louis Napoléon le Grand*, Paris: Grasset, 1991.

Smith, William H. C., *Napoléon III*, Paris: Hachette, 1982.

Willette, Luc, *Le coup d'Etat du 2 décembre 1851*, Paris: Aubier, 1982.

해설

고귀한 '사생아'와
가짜 백작

―

이리에 데츠로

이리에 데츠로入江哲朗
  1988년 출생. 일본과학진흥회 연구원으로 미국 사상사 연구 및 영화 비평을 하고 있다. 지은 책으로『화성 여행자: 퍼시벌 로웰과 세기 전환기 미국 사상사火星の旅人: パーシヴァル・ローエルと世紀転換期アメリカ思想史』와 『오버 더 시네마: 영화〈초월〉에 대한 논의オーバー・ザ・シネマ 映画『超』討議』(공저) 등이 있다.

『제국의 음모』는 1991년에 니혼분게이샤에서 간행된 하스미 시게히코의 마흔한번째 저서이다(외국어로 출간된 책을 포함하여 몇 번째 저서인지는 구도 요코가 엮은 『논집 하스미 시게히코論集 蓮實重彥』에 실린 "하스미 시게히코 저서 목록"을 참고했다). 오랫동안 품절 상태였던 적도 있어서, 사실 그의 저서 중에서는 그다지 잘 알려져 있지 않은 편이라, 이번에 문고판으로 나오면서 알게 된 독자도 적지 않을 것이다. 〈스타워즈〉 시리즈를 연상하지 않을 수 없는 다섯 글자의 제목을 내건 이 책은, 그러나 물론 영화를 다룬 책이 아니며 내용상으로 하스미가 출간한 1988년 『범용한 예술가의 초상』 및 2014년 『『보바리 부인』론』과 밀접하게 관련되어 있다. 어쨌든 전자에서 도마에 오르는 막심 뒤 캉(1822~1894)과 후자에서 논하는 작품을 저술한 귀스타브 플로베르(1821~1880)가 산 시공時空은, 이 책의 중심인물인 샤를 오귀스트 루이 조제프 드 모르니(1811~1865)와 크게 겹친다.

'제2제정기'라 불리는 1852년부터 1870년까지의 프랑스 사회라는 소재를 보다 전면적으로 다룬다는 의미에서, 『『보바리 부인』론』을 빼고 이 책과 『범용한 예술가의 초상』에 1985년 『이야기 비판 서설物語批判序説』을 더한 세 권을 하스미의 '제2제정기 시리즈'라고 부를 수도 있다. 그렇다고 해도 하스미의 영화비평을 주로 애독해온 독자는 어쩌면 프랑스 역사에 익숙하지 않아 이 책에 접근하는 데 어려움을 겪을지도 모른다. 그런 인상이 기우에 지나지 않는다는 사실을 본문보다 해설을 먼저 읽는 독자에게 미리 알려주는 것도, 프랑스 역사가 전문이 아닌 나에게 주어진 임무 중 하나일 것이다. 그러므로 우선 이 책과는 소재나 시대 면에서 동떨어진 하스미의 문장을 인용해보자.

〈인글로리어스 바스터즈Inglourious Basterds〉(2009)[1]만큼 쿠엔틴 타란티노Quentin Tarantino에게 어울리는 제목도 없을 것이다. 여기저기서 처치 곤란한 악동 행세를 하는 이 안하무인의 영화 작가는 스스로를 말 그대로 '불명예스러운inglorious' '비적출자非嫡出子, bastard'라고 자각하고 있을 테니 말이다. 실제 등록금이 비싼 유명 대학에서 영화 강의를 듣곤 했던 루카스George Lucas나 스필버그Steven Spielberg와 비교하면, 비디오 대여점 한구석에서 열악한 화질의 비디오테이프만 들여다 보던 타란티노의 성장 과정이 더 나쁘다는 것은 누가 봐도 분명하다. 마치 그런 신분의 수상쩍음을 과시하듯, 엔초 G. 카스텔라리Enzo G. Castellari 감독, 보 스벤슨Bo Svenson 주연의 이탈리아 전쟁 영화의 미국 개봉 제목 〈디 인글로리어스 바스터즈The Inglorious Bastards〉(1978)[2]에 오마주를 바치면서, 그것과 구별하기 위해서라

1 국내 개봉 제목은 〈바스터즈: 거친 녀석들〉이다.
2 국내 개봉 제목은 〈V2 폭파대작전Quel Maledetto Treno Blindato〉이며,

며 마치 부주의한 실수careless miss인 양 자기 작품의 제목을 "Inglourious Basterds"라는 황당한 스펠링으로 적고 있는 것이다.

내용에서 알 수 있듯, 이는 쿠엔틴 타란티노 감독의 〈인글로리어스 바스터즈〉 일본 개봉 당시 하스미가 쓴 비평의 서두이다(『영화시평 2009~2011映画時評 2009~2011』에 수록). 이 책의 키워드인 '사생아'가 여기에서는 현행 민법에 따라 '비적출자'로 바뀐 데서, 두 텍스트를 가르는 18년이란 세월이 느껴진다. 거꾸로 말하면, 이러한 소재 및 시간의 격차가 있는데도 불구하고, 양자 사이의 주제론적 친근성은 명백하다. 첫째, 드 모르니 역시 한 명의 '사생아'이다. 둘째, 그는 양부모로부터 물려받은 성 '드모르니'를 '드'와 '모르니'로 띄어 씀으로써, "약간의 귀족적 색조를 띠게 하는 정도에 그치"는 "개인적인 수정"을 가하고 있다(13쪽). 즉 'Demorny'에서 'de Morny'로 철자를 살짝 바꿈으로써, "구제도 이래 출신과 혈통에 대한 정당성 보증을 모방하면서 풍기는 귀족적인 분위기"(108쪽)를 어이없이 자기 것으로 만들고 있다. 그리고 셋째, 드 모르니의 잦은 오페라 극장 출입에 대해 말하는 하스미의 다음 구절은, "비디오 대여점 한구석에서"와 비슷한 분위

나중에 〈엘리트 특공대〉로 소개되기도 했다.

기를 자아낸다. "흔히 말하듯 그것이 순수하게 귀족적인 취미라고 쉽사리 단정하기는 어렵지만, 어느 정도 악과 퇴폐의 향기가 풍긴다고 할 '제국'의 암부暗部에 남의 눈을 꺼리지 않고 당당하게 드나든 건, 자못 드 모르니다운지도 모른다"(79쪽).

하지만 나중에 황제가 되는 루이 나폴레옹 보나파르트(1808~1873)의 의붓동생이라는 드 모르니의 출신을 이 책은 "고귀한 '사생아'"(15쪽)라고 표현하고 있으므로, 그와 '불명예스러운' '비적출자' 사이를 구분하는 선이 그어져 있는 듯 보인다. 그러나 주목해야 할 점은 앞서 〈인글로리어스 바스터즈〉 평에서 하스미가 했던 "영화야말로 서구 예술 전통으로부터 마음껏 일탈한 '불명예스러운' '비적출자'나 다름없다"라는 말이며, 또한 이 책에서는 19세기 중엽 프랑스가 "모사품"이라는 "시뮬라크르"가 "유일한 정치적 현실"이 되는 시대의 시작으로 자리매김하고 있다는 것이다(60쪽). "시뮬라크르"란 "모방해야 할 '모델(원형)'을 갖지 않는 '이미지'"를 가리키는 개념이지만(59쪽), 그런 '모사품'이 지배하는 세계에서 '고귀한' '사생아'와 '불명예스러운' '비적출자'의 차이는 금세 모호해지고 말 것이다. 하스미에게 영화는, 따라서 어디까지나 제2제정기부터 지속되는 시공에서 태어난 것이다.

아니, 사실 이 책에서도 언급되는 하스미의 1989년 저서 『소설에서 멀리 떨어져』에는 "허구의 산문이라는 형식에 들어가는 소설은, 미학적인 사생아성을 최대 활력으로 삼아 시대를 정복했다"고 쓰고, 『『보바리 부인』론』에서는 플로베르의 1852년 편지에서 볼 수 있는 "산문은 어제 태어난 것"이라는 말을 중시하고 있으니, 영화비평가이자 문예비평가이며 프랑스문학자이기도 한 하스미의 다양한 측면은 모두 제2제정기 이후라는 시공에 의해 규정되고 있다고 할 수 있을지도 모른다. 이 책이 루이 나폴레옹과 드 모르니라는 의붓형제에게 초점을 두면서 논하는 것은, 바로 제2제정기가 어떻게 시작되었는가이다. 그리고 중요한 점은, 이 책이 하스미에게 중요한 주제를 다루고 있음에도, 그의 저서 가운데 가장 경쾌하게 읽을 수 있는 책 중의 하나라는 사실이다.

∗

하스미가 말하길, 이 책의 "당장 흥미의 중심"은 드 모르니가 "의붓형의 요청을 받아 막 내무대신에 취임한 1851년과 내무대신을 사임하고 입법원 의장을 하고 있던 1861년에 쓴 두 편의 완전히 이질적인 글을 […] 동일한 집필자의 펜이 엮어낸 텍스트라는 측면에서 읽어보는 일"에 있다(12쪽). 구체적으로 전자는 1851년 12월 2일 루이 나폴레옹에 의한 쿠데타 당일에 발표된 '내무대신 드 모르니'라는 서명이 붙은 행정 문서이고, 후자는 드 모르니가 '드 생 레미'라는 필명으로 집필하고 자크 오펜바흐(1819~1880)가 작곡한 단막 오페레타 부파 〈슈플뢰리 씨, 오늘 밤 집에 있습니다〉이다. 이 글들을 읽는 것이 "흥미의 중심"이며, "'제2제정기'의 정치적인 메커니즘 분석도, '제국'의 음모에 가담한 흑막 드 모르니의 전기 집필도 이 글의 의도는 아니"다(77쪽).

    그렇다면 이 책을 읽기 전에 고등학교 세계사에서 배운 7월 왕정→2월 혁명→제2공화정→루이 나폴레옹의 쿠데타→제2제정이라는 프랑스 근대사의 흐름을 복습해두는 편이 좋을까. 이런 걱정이 불필요하다는 사실은 책을 실제로 읽어보면 바로 알 수 있을 것이다. 왜냐하면 쿠데타의 배경 및 추이에 관해 꼭 필요한 최소한의 설명이 책 안에 담겨 있는 데다가, 그 필치가 극적이고 재미있기 때문이다. 교과서에 실릴 정도로 상식적인 사건이라도 결코 소홀히 기술하지 않는 데서, 나는 프로답다고도 상냥하다고도 할 수 있는 하스미다움을 느끼며, 이러한 점은 "지금까지의 줄거리 소개에서도 드러나듯, 〈슈플뢰리 씨, 오늘 밤 집에 있습니다〉의 소재는 이야기가 중요하지 않은 이런 부류의 장르에서도 유달리 신통치 않다고 하겠다"(95~96쪽)라고 단칼에 가차 없이 평가될 운명인 그 '줄거리 소개'가 실제로는 매우 정성스럽게 쓰여 있다는 점에서도 잘 나타난다.

    내가 질문자 역할을 맡은 2017년 인터뷰에서, 하스미는 이 책이 도쿄대학 교양학부와 릿쿄대학 문학부에서 "1년에 걸쳐 드 모르니의 대본을 읽고, 차분히 시간을 들여 쓴 것"이며, "수업에서의 체험이 짙게 배어 있다"는 점에서 자신의 저서 중에서도 예외적이라고 말했다. 아마도 그래서인지, 제2제정의 단서를 연 1851년 쿠데타가 〈슈플뢰리 씨, 오늘 밤 집에 있습니다〉의 줄거리를 "그것이 쓰이기 정확하게 10년 전에 이미 실연實演해버린 것이었다"(115쪽)라는 이 책의 결론만 꺼내면 엉뚱해 보일지라도, 그 결론까지 이르는 논리적 서술은 친절하다고 말할 수 있을 정도로 명석하다. 따라서 이어지는 내용에서는 이 책을 재차 요약하지 않고, 대신에 그로부터 발전할 수 있는 논의의 방향성을 몇 가지 제시해보기로 하자.

앞에서 말했듯 오랫동안 비교적 지명도가 낮았던 이 책은, 하스미에 대해서 논하는 글에서조차 다루어지는 경우가 적었다. 그 몇 안 되는 예 중 하나는 다나카 준田中純의 2016년 논문 「의붓형제의 초상義兄弟の肖像」이다. 다나카는 그 글에서 이 책의 매력을 이렇게 말하고 있다.

> '범용함'을 둘러싼 똑같은 냉소적 리얼리즘을 관철하는 『범용한 예술가의 초상』보다 『제국의 음모』에 더 애착이 가는 이유는, 그 책이 훌륭한 '가벼움'을 갖추었기 때문일까. […] '뒤 캉'론이나 『『보바리 부인』론』을 마주할 때는 논리적 서술 자체의 '텍스트적 현실'과 씨름하는 일의 어려

움을 어쩔 수 없이 느끼게 되는 데 비해,『제국의 음모』는 "정치를 비非심각화하는 정치성"이라는 그 자체가 권력과 관련된 거대한 문제를 간단하지만 명쾌하기 짝이 없는 논리로, 현재까지 이어지는 시대의 현실로서 이해하게 해준다. 이것은『루이 보나파르트의 브뤼메르 18일』과 대조하여 읽혀야 할 […] '정치'론 책이다.

마지막 '정치'에 따옴표가 붙은 이유는 아마도 이 인용 이후 논의에서 초점이, 하스미가 도쿄대학 교양학부장이나 총장으로서 몸담았던 넓은 의미의 '정치'에 맞춰지기 때문일 것이다. 다나카가 "'음모'의 기색"과 "정치적 의붓형제성"을 감지하는 그 "정치"에서, 하스미와 함께 "의붓형제"로 진단된 또 한 사람은 도대체 누구인가. 이 질문에 대한 답이 신경 쓰이는 분은 꼭 다나카의 논문을 직접 읽고 확인하시길 바란다.[3]

이 책은 카를 마르크스(1818~1883)가 동시대인으로서 1851년 쿠데타를 분석한 성과인『루이 보나파르트의 브뤼메르 18일』(1852)과 "대조하여 읽혀야" 한다는 다나카의 의견에, 나도 완전히 동의한다. 그러나 이 책을 일본 비평사라는 관점에서 읽을 경우에는, 우에무라 구니히코植村邦彦가 번역

---

[3] 다나카 준은 이 논문에서 그 "의붓형제"를 도쿄대학 명예교수이자 프랑스문학과 표상문화론을 전공한 와타나베 모리아키渡辺守章(1933~2021)가 아닐까 추정한다.

하여 1996년 오타출판에서 간행한 『루이 보나파르트의 브뤼메르 18일』 초판에 수록된 가라타니 고진柄谷行人이 쓴 「표상과 반복表象と反復」이라는 논문이 보다 중요한 비교 대상이 될 것이다(우에무라의 번역본은 가라타니의 보론과 함께 2008년 헤이본샤 라이브러리의 한 권으로 다시 출간되었다).

가라타니에 따르면 『루이 보나파르트의 브뤼메르 18일』은 "1870년대 이후의 제국주의, 1930년대의 파시즘뿐만 아니라, 1990년대의 새로운 정세에 관해서도 본질적인 통찰을 가능하게 하는 힌트로 가득 차 있다." 이 60년 주기의 리듬은 이 책에서 말하는 '반복'과는 완전히 다른 듯 보이지만, 나는 사실 하스미의 다른 텍스트에서 같은 리듬을 읽는 것이 가능하다고 생각한다. 그렇다고 해도 "마르크스가 […] 이론적으로 분석한 보나파르티슴Bonapartisme과 역사상의 루이 보나파르트나 프랑스 제2제정을 구별하지 않으면 안 된다"라고 주창하는 가라타니와, 『루이 보나파르트의 브뤼메르 18일』에서 "일정 정도의 희박한 현실감이 드러난다"(52쪽)고 평하는 하스미의 자질의 차이는 부정할 수 없다. 냉전 종식 후를 살아가는 비평가로서 1851년 쿠데타에 접근한다는 점에서 행동이 일치하는 만큼, 양자의 절묘하게 대조되는 성질을 비평사의 문맥에서 평가하면서 논하는 일은 분명 의미 있을 것이다.

그렇지만 나 자신에 관해서 말하자면, 이 책을 읽으면서 느낀 "당장 흥미의 중심"은 다른 곳에 있다. 그것은 드 모르니의 성격을 다룰 때 등장하는 "냉소적인 기회주의"(53쪽)라는 말이다.

※

하스미는 1999년에 간행된 야마우치 마사유키山內昌之와의 대담집 『20세기와의 결별20世紀との訣別』에서, 이 책을 쓰게 된 동기를 "사람들이 포스트모던, 포스트모던이라고 떠들고 있으면서도 포스트모던의 최초의 전형이나 다름없는 모르니공에 대해 아무 작업도 하지 않는 것은 이상하다, 그러면 먼저 해두자는 것"이었다고 설명한다. 확실히 이 책 내에도 "프랑스의 '제2제정기'와 일본의 포스트 산업사회의 은밀한 통저성通底性"(11쪽)이라든가, "사람들이 포스트모던적이라고 부를, 20세기 말의 예술 개념"(98쪽) 같은 문구가 포함되어 있다. 결국에 그 "냉소적인 기회주의" 또한 "포스트모던의 최초의 전형"인 것인가. 그렇다면 드 모르니를 이해하는 일은 단번에 쉬워질 듯하다. 예를 들면 뛰어난 포스트모던론으로 정평이 나 있는 아즈마 히로키東浩紀의 『동물화하는 포스트모던動物化するポストモダン』(2001)도, 포스트모던과 냉소주의의 관계를 페터 슬로터다이크Peter Sloterdijk의 『냉소적 이성 비판Kritik der zynischen Vernunft』(1983)이나 슬라보이 지젝Slavoj Žižek의 『이데올로기의 숭고한 대상The Sublime Object of

Ideology』(1989)을 참조하면서 정리하고 있으니까.

이 책 후반부에서 "역사적으로 조금도 본질적이지 않으며, 언제라도 미소와 함께 적당히 넘겨버리면 되는 지극히 범용한 조연에 지나지 않는"(115~116쪽)다고 평하는 드 모르니에게, 어쩌면 포스트모던론의 도식에 담긴다는 것이 부끄럽기는커녕 오히려 "냉소적인 기회주의"의 이름으로 기꺼이 선택해야 할 것인지도 모른다. 그런데 이런 해석을 염두에 두고 이 책을 읽어보면, 드 모르니의 "여유 있는 대담함 혹은 과감한 냉정함 같은 이미지"(42쪽)에 박힌 작은 가시가 실은 끝까지 뽑히지 않고 남아 있다는 사실을 깨닫게 된다. 그것은 예를 들면 〈슈플뢰리 씨, 오늘 밤 집에 있습니다〉라는 텍스트의 배경에 관한 설명 직후에 배치된 이러한 문장에서 볼 수 있다.

> 정치적 야심과 무관하면서도 발상과 결단의 재능은 타고난 냉소적인 승부사로서 '적자'인 의붓형을 황제 자리에 올린 '사생아'가, 입법원 의장이라는 **명예직**에 안주해 '제국의 축제'에 색을 더하는 역할에 머물게 된 깊은 체념을 이런 소일거리로 달랬던 것일까(83쪽, 강조는 원문).

이 의문에 대한 명확한 대답은 이 책에서는 주어지지 않는다. 아니, 마지막에 부정적인 대답이 주어졌다고 해석해야 할지도 모르지만, 이 책 전체를 부감하여 파악하려 하면 "언제라도 미소와 함께 적당히 넘겨버리면 되는 지극히 범용한 조연"으로 남아 있었을 드 모르니가, 이 한 문장 전후에서 주역인 듯한 얼굴과 애매하지 않은 윤곽을 한순간 걸친 듯 느껴진다. 솔직히 말해서 나는 이 문장을 읽었을 때, 나도 모르게 빌리 와일더Billy Wilder 감독의 〈선셋 대로Sunset Boulevard〉(1950) 속 마지막 시퀀스가 뇌리에 떠올랐다.

내가 이런 연상을 하도록 이끈 것은 1988년 간행된 요도가와 나가하루淀川長治, 야마다 고이치山田宏一, 하스미의 정담집鼎談集 『영화 천일야화映画千夜一夜』에 담긴 이런 구절이다.

요도가와: 역시 마각馬脚을 드러내지 않는군, 하스미 선생은(웃음). 헨리 폰다Henry Fonda가 싫다고 하는데, 그건 정통파잖아(웃음). 역시 이상한 사람들을 좋아하는 쪽이야, 이 사람은. 얄밉네(웃음). 이 사람은 어디까지나 **가짜** 신사고, **가짜** 백작이야(웃음). 시치미 떼고 있는 거 봐.

야마다: 가짜 백작, 카람진Karamzin. 〈어리석은 아내들Foolish Wives〉의 에리히 폰 슈트로하임Erich von Stroheim(웃음).

요도가와: 나는 슈트로하임을 좋아해. 이상하군(강조는 원문).

이 대목은 2016년 하스미가 발표한 소설 『백작부인伯爵夫人』이 미시마 유키오 상을 수상했을 때의 기념 인터뷰에서 언급되어 주목을 끌기도 했다. 어쨌든 "백작부인"이라는 제목의 유래 중 하나가, 요도가와가 지어줬고 하스미 자신이 "매우 자랑스럽게 생각한다"는 별명이었기 때문이다. 인터뷰에서 하스미가 덧붙인 대로, "카람진은 에리히 폰 슈트로하임 감독의 〈어리석은 아내들〉(1922)에서 슈트로하임 자신이 연기한 부끄러움을 모르는 가짜 백작"이다.

물론 드 모르니는 "냉혈하고 빈틈없는 엄격함"(74쪽)을 갖추고 있지만, "부끄러움을 모르는" 인물은 아니다. 그러나 애당초 〈어리석은 아내들〉의 카람진이 확실히 "부끄러움을 모르는" 반면에, 요도가와가 명명한 "가짜 백작"은 "마각을 드러내지" 않고 "정통파"로서 "시치미 떼고" 있으므로, 후자는 '자못 드 모르니답다'라고 형용할 수 있을 듯하다. 덧붙여 간과할 수 없는 것은 오스트리아의 모 백작 가문의 아들이라고 스스로를 칭하던 슈트로하임이, 실제로는 빈의 중류계급에 속하는 유대인이며 부인용 모자점을 경영하던 벤노 슈트로하임과 아내 요한나 사이에 태어난 아이였다는 사실이다. 즉 대서양을 건너기 위해 1909년에 브레멘에서 증기선을 탄 24세의 이민자 에리히 오스발트 슈트로하임이 미국 땅을 밟을 무렵에는 에리히 폰 슈트로하임Erich von Stroheim으로 변모했으며, 실은 "구제도 이래 출신과 혈통에 대한 정당성 보증을 모방하면서 풍기는 귀족적 분위기"를 전치사 '폰von'의 삽입에 의해 어이없이 자기 것으로 만들었던 것이다(Richard

Koszarski, *Von—The Life and Films of Erich von Stroheim* 참조).

〈어리석은 아내들〉의 자기 언급적 장치를 통해 "부끄러움을 모르는 가짜 백작"의 이미지와 희롱하던 슈트로하임은, 그러나 "냉소적이고 원칙을 결여한 타협의 풍토"(108쪽)와는 무관한 집념이 강한 완벽주의자이기도 해서 할리우드 스튜디오에서 푸대접을 받기에 이르렀으며, 1936년 이후로는 주로 유럽 영화에 출연하는 배우로서 생계를 이어가게 된다. 1950년 개봉한 〈선셋 대로〉는 배우 슈트로하임이 할리우드에서 한 마지막 작업이다. 여기까지의 경위를 알면 〈선셋 대로〉의 마지막 시퀀스가 그로테스크할 정도로 자기 언급적이라는 점도 명백해질 테지만, 자세한 해설은 여기서 하지 않기로 한다. 내가 말하고 싶었던 바는, 단지 슈트로하임이 그 시퀀스를 "부끄러움을 모르는 가짜 백작"에 어울리는 귀기鬼氣로 가득 채우고 있다기보다는, 오히려 주어진 배역에 만족해 할리우드의 "호화찬란한"(하스미 시게히코, 『할리우드 영화사 강의ハリウッド映画史講義』) 이미지에 "색을 더하는 역할에 머물게 된 깊은 체념을 이런 소일거리로 달랬던" 듯하다고 생각하지 않을 수 없다는 것이다.

"가짜 백작"이라는 카테고리를 만들어 슈트로하임＝하스미＝드 모르니라는 등식을 끌어내는 것은, "냉소적인 기회주의"를 지젝류의 포스트모던론 도식으로 규정하는 것만큼이나 우리를 안심시킨다. "냉소적이고 원칙을 결여한 타협의 풍토"는 그러한 안심감을 촉진시키기까지 할지도 모른다. 그럼에도 불구하고 "애매하고 희박하다는 이유로 '사생아'적이라고 생각하기 쉬운 이 현실을 무시하면, 역사 자체를 추상화하지 않을 수 없는 시대가 프랑스 '제2제정기'와 함께 시작되고 있었다"(116쪽)고 최후에 고하는 이 책에는, 우리가 "역사 자체를 추상화"하는 것이 주는 안도감에 빠지지 않도록 하는 요소도 몇 가지 포함되어 있다. 바꾸어 말하면 슈트로하임이 항상 "가짜 백작"으로 존재하진 않았듯, 이 책은 드 모르니가 항상 드 모르니적인 이미지에 담겨지진 않음을 여러 차례 우리에게 전하고 있다. 이러한 요소가 충분히 제대로 해독되는 날이 오면, 분명 "냉소적인 기회주의"도 이제는 포스트모던인지 아닌지도 잘 모르게 되어버린 현재의 세계를 살아가기 위한 하나의 지침이라는 새로운 모습을 띠기 시작할 것이다.

해설 서지사항

Koszarski, Richard, *Von—The Life and Films of Erich von Stroheim*, New York: Limelight Editions, 2001.

東浩紀, 『動物化するポストモダン オタクから見た日本社会』, 講談社現代新書, 2001[『동물화하는 포스트모던』, 이은미 옮김, 선정우 감수, 문학동네, 2007].

柄谷行人, 「表象と反復」, カール マルクス, 『ルイ・ボナパルトのブリュメール18日[初版]』 수록, pp. 267~308.

工藤庸子 編, 『論集 蓮實重彥』, 羽鳥書店, 2016.

田中純, 「義兄弟の肖像――『帝国の陰謀』とその周辺をめぐって」, 工藤庸子 編, 『論集 蓮實重彥』 수록, pp. 46~56.

蓮實重彥, 『小説から遠く離れて』, 河出文庫, 1994.

――, 『映画時評 2009~2011』, 講談社, 2012.

――, 『「ボヴァリー夫人」論』, 筑摩書房, 2014.

――, 「小説が向こうからやってくるに至ったいくつかのきっかけ」(인터뷰), 『新潮』 제113권 7호, 新潮社, 2016년 7월, pp. 148~54.

――, 「「そんなことできるの?」と誰かに言われたら「今度やります」と答えればいいのです」(인터뷰, 질문자: 入江哲朗), 『ユリイカ』 제49권 17호, 青土社, 2017년 10월, pp. 8~39.

――, 『ハリウッド映画史講義 翳りの歴史のために』, ちくま学芸文庫, 2017.

蓮實重彥·山内昌之, 『20世紀との訣別 歴史を読む』, 岩波書店, 1999.

マルクス, カール, 『ルイ・ボナパルトのブリュメール18日[初版]』, 植村邦彦 訳, 平凡社ライブラリー, 2008[『루이 보나파르트의 브뤼메르 18일』, 『프랑스 혁명사 3부작』, 임지현·이종훈 옮김, 소나무, 2017; 『루이 보나파르트의 브뤼메르 18일』, 최형익 옮김, 비르투, 2012].

淀川長治·蓮實重彥·山田宏一, 『映画千夜一夜』 상하권, 中公文庫, 2000.

옮긴이의 말

본편을 능가하는, B-movie로서의 『제국의 음모』

7년에 걸쳐 집필되었고 그 분량도 대단하다고 할 수 있는 『범용한 예술가의 초상: 막심 뒤 캉론』(1988)은 하스미 시게히코의 대표작이라고 해도 과언이 아닐 것이다. 하지만 『제국의 음모』(1991)라는 얇고 소탈한 책이 그로부터 몇 년 후에, 마치 뭔가 여러모로 모자란(!) '동생'처럼 산출되었다는 사실 또한 상기하지 않으면 안 될 것이다. 하스미 자신은 미리 어떤 책을 써야겠다는 구상을 하지 않았고, 그래서 잡지에 연재도 하지 않은 채, 2~3일 만에 이 책을 써버렸다고 나중에 술회한다. 『제국의 음모』는 표면적으로 본편인 『범용한 예술가의 초상』의 부산물spin-off 혹은 '자매편'처럼 보이기도 하지만, 그 속에서 다루고 있는 권력의 쌍둥이성性이라는 관점에서 다시 보았을 때, 이 책은 동시개봉에서 A-movie에 뒤지지 않거나 혹은 거의 그것을 능가하는 B-movie라고 해도 좋을 것이다(그 자신도 이 책을 상영시간 70분이 조금 넘는, 버드 보티커의 서부영화처럼 썼다고 공언하고 있다).

우선은 본편인 『범용한 예술가의 초상』에서 그가 말하는 '범용함'이 어떠한 것인지 살펴보기로 하자.

> 범용함의 반대말은 결코 재능도, 특권적 자질도 아닙니다. 즉 다수에 의해 공유되는 **범용함**이 한편에 있고, 그와 다른 편에 있는 **재능**이 소수자의 특권을 두드러지게 한다는 구

도, 이야말로 실은 매우 범용한 것입니다. 지금 우린 이 구도를 의심해야 하며, 또 그럴 만한 이유가 문학적으로도 사상적으로도 존재한다고 생각합니다. 그럼에도 문학 혹은 예술이라고 하면, 많은 경우 특출난 재능을 소유한 자의 예외적인 몸짓[행위]만을 이야기하다 그칩니다. 하지만 유감스럽게도, 특출난 재능에 대해 이야기하는 사람들은 결코 특출난 재능을 지닌 사람이 아니며, 저나 여러분처럼 범용한 인간에 불과합니다. 쓰고 사고하는 것이 범용한 일이라면, 그 누구도 문학이나 사상에 매혹되지 않을 것입니다. 그렇기 때문에 저마다 막연하게 예외적인 무언가를 상상하고 있는 것입니다. 도대체 왜 이렇게 많은 범용한 인간들이 재능에 대해 말하지 않으면 안 될까요? 이는 문학 혹은 예술의 비극이라고 해야 할 수도 있겠지만, 또한 희극이기도 할 것입니다. 그런데 아직 누구도 이 희극을 보고 크게 웃음을 터뜨린 적이 없습니다(『범용함에 대하여 말씀드리겠습니다』).[1]

범용함이란 오늘날의 대중사회라는 대중화 현상과는 직접적인 관계가 없습니다. 익명의 대중이 모두 범용하다고 주장하고 싶지도 않고, 당연히 특권적 재능을 가진 사람이 대

---

[1] 蓮實重彥,『凡庸さについてお話させていただきます』, 中央公論社, 1986, p. 9.

중을 지도할 수 있던 시대를 그리워하는 태도와도 전혀 관계가 없습니다. 그럼에도 불구하고 이것은 '현대'의 문제입니다. 근대국가가 성립된 19세기 이후를 살아가는 사람들이 필연적으로 떠안을 수밖에 없는 상황입니다. 원리로서 혈통이나 가문이 개인을 보증해주지 않고, 의무교육 보급과 의회제 민주주의가 확립됨에 따라, 권리로서 누구나 무언가가 될 수 있는 사회가 형성된 후 재능의 유무와 관계없이 문학이나 예술을 몽상하는 개체가 생산되었기 때문입니다. 즉 범용함이라는 것을 모두가 자신의 문제로서 떠맡고 있는 셈입니다. […] 요컨대 범용함이란 무엇보다도 상대적 차이의 장이라고 생각할 수 있습니다. 이쪽 사람들이 저쪽 사람들보다 더 빼어나다, 혹은 재능이 있다는 것. 범용함이란 바로 이런 상대적 차이를 제시하는 것이며, 그에 대한 자세나 거리를 배우는 장이라고 이야기할 수 있을 것입니다(『범용함에 대하여 말씀드리겠습니다』).[2]

'범용함'이란 근대국가가 필연적으로 떠안아야 할 어떤 '일반적인 상황'이 될 수밖에 없고, 따라서 근대문학 또한 당연히 그 안에 포함된다. 하스미가 강조하는 것은 범용함이 특정 시기에 발명된 역사적 개념이라는 점이다. 그가 특히 주목하는

---

2   같은 책, p. 14.

시기는 프랑스의 '제2제정기'로, 이는 하스미가 집착하는 시대일 뿐만 아니라, '플로베르의 친구'이자 '보들레르의 지인'으로서 후세에 이름을 남긴 막심 뒤 캉이 활동한 시기이기도 하다. 하스미는 이러한 역사성이 우리 시대에도 여전히 살아 있다고 주장한다.

'제2제정기'는 물론 나폴레옹 시대를 '제1제정기'로 간주하는 데서 비롯된 표현이다. 1789년 프랑스 대혁명 이후, 나폴레옹 보나파르트(나폴레옹 1세)의 몰락과 왕정복고, 입헌 군주제를 거쳐, 1848년 2월 혁명에 이르러 프랑스는 처음으로 근대적 의미의 공화정을 수립했다. 그러나 초대 대통령 루이 나폴레옹(나폴레옹 3세)은 1851년 쿠데타를 일으켜 이듬해 12월 황제의 자리에 올랐다. 나폴레옹의 조카로서 '소小나폴레옹'이라 불린 그는 '대大나폴레옹'의 열화된 '모방품'에 불과하며, 범용함을 체현하는 존재였다. 루이 나폴레옹은 프랑스 최초로 국민 직접투표를 통해 선출된 대통령이었음에도 불구하고, 프랑스 역사에서 여전히 대혁명과 나폴레옹의 위광에는 전혀 미치지 못한다. 그러나 바로 이 범용함에서 비롯된 애매함과 흐릿함이야말로 오늘날 우리가 공유하고 있는 특성이기도 하다.

프랑스 대혁명은 빅토르 위고가 상징하는 '지知의 민주화' 시대였다. 이 시기에는 특권 계층의 지식인들이 계몽사상가로 활동하며 지식을 보급 및 확산시켰다. 이는 푸코식으로 말하자면, 고전주의적 담론에서 '대변자적 예언자'가 여전히 기능하던 시대와 맞닿아 있었다. 프랑스 대혁명은 이러한 특권적 담론을 소멸시키기는커녕, 오히려 효과적으로 재편성했다. 빅토르 위고를 비롯한 낭만주의적 영웅들은 "그러한 제도화된 이야기를 완성하는 데 필요한 최후의, 다소 우스꽝스러운 배우들이었다."[3]

그에 반해, 루이 나폴레옹이 나폴레옹 3세로 즉위한 제2제정기는 '지의 민주화'가 더욱 확산된 시기로, 막심 뒤 캉을 비롯한 '범용한 예술가'들이 활약한 시대였다. 이들은 대변자적 예언자의 역할이 희미해진 시대 속에서 "낭만주의적 영웅들을 선망하고 질투하며" "모방과 반복의 담론"을 형성했다. 결국 이들은 타고난 재능이 아니라 모방의 욕망에 의해 '예술가'가 된 아마추어 집단에 불과했다. 따라서 "모든 예술가는 결국 (그 정의에서부터) 범용한 무리일 수밖에 없다."[4]

기존의 대변자적 예언자가 충분히 기능하고 있었다면, 그를 대행하는 존재가 두드러질 이유가 없었을 것이다. 그러나 예언자의 기능이 쇠퇴하면서, 그들이 진정한 대변자가 아니라 단순한 모방적 대행자에 불과하다는 점이 분명해졌다. 결국 범용함을 논하는 것은, 언어 및 담론의 '대표[표상]

---

3   하스미 시게히코, 『범용한 예술가의 초상』, 이승준 옮김, 비고, 2024, 95쪽 참조.
4   같은 책, 97쪽 참조.

representation'라는 문제를 탐구하는 것과 밀접하게 연결된다. 하스미가 특히 언어와 언설의 표상성에 민감한 비평가라는 사실은 새삼 강조할 필요도 없을 것이다.

『제국의 음모』의 '제국'은 프랑스의 제2제정, '음모'는 대통령 루이 나폴레옹과 (아버지가 다른) 의붓동생이자 '사생아'인 내무대신 드 모르니가 꾸민 쿠데타이다. 그래서 저자 스스로 이 두 사람의 관계를 "과연, '쌍둥이' 같다고 일컬어도 무방할 이 한 쌍의 의붓형제"(11쪽)라고 칭하고 있다.

『제국의 음모』가 독해하려고 하는 텍스트는 둘 중 사생아 의붓동생이 남긴 두 개의 문서다. 하나는 1852년 12월 2일에 파리 시민이 보게 되는 인쇄물로, 쌍둥이 같은 의붓형제의 두 이름이 나란히 적힌 「포고」라는, '행위 수행적'으로 쿠데타라는 '음모'를 실현시키는 문서이다. 그것이 실질적인 효력을 갖는 것은 현실의 내무내신이 서명을 했기 때문이 아니다. 반대로 실제로는 아직 내무대신이 아닌 인물의, 어디까지나 형식적인 것에 불과한 서명이 달린 문서가 대량으로 인쇄되어 배포된 것의 '결과'로서, 드 모르니의 이름이 권위를 띠게 된다.

여기에서 저자는 들뢰즈적인 '시뮬라크르'야말로 정치적 현실이 된 사태를 본다. 이런 시각은 데리다의 J. L. 오스틴 비판을 참조하면서 언급된다. 기호의 '철저하고 무책임한' 표류성이 음모를 성취시키고, 의붓형제가 직접 현장에 등장하지 않은 채, 다량의 유인물을 통해 비로소 행위를 사건으로 만들었다는 인식이 전개된다. 데리다는 (글로) 쓰인 기호를 문자 그대로 사생아에 비유한 바 있다. "1851년이라는 연호는 '사생아'가 그 '표류성'으로 인해 승리하는 시대의 도래를 알려주고 있지 않은가"(69쪽)라고 저자는 무심코 적었다.

그런데 『제국의 음모』가 채택하는 또 하나의 문서는, 이 '음모'의 흑막인 드 모르니가 드 생 레미라는 필명으로 1861년에 집필하고, 자크 오펜바흐가 곡을 붙인 오페레타 부파 〈슈프뢰리 씨, 오늘 밤 집에 있습니다〉의 각본이다. 흥미로운 점은 그 각본이 '상연上演'을 주제로 하고 있다는 사실이라고 저자는 말한다. 거기에는 진짜 가수를 모방하는 가짜 아마추어들이 연기하는 극중극이 포함되어 있다. 그 배역을 연기하는 가수들은 진짜 가수를 모방하는 가짜 아마추어를, 진짜로서 가짜답게 연기한다고 하는 복잡한 입장에 놓이게 된다. 이 복잡한 '공연(퍼포먼스)'에서 기호의 '본질'을 묻는 일 같은 것은 쓸모없는 짓이다.

젊은 연인이 극중극을 통해 아버지를 속이고 결혼 허락과 함께 지참금까지 챙기는 음모를 성공시킨다는 줄거리는, 모방의 주제를 통해 의붓형제의 과거 쿠데타의 '반복'을 각인시킨다고, 『제국의 음모』의 저자는 말한다. 그것은 텍스트의 내용만으로 그치지 않는다. 텍스트에 붙은 서명에 있어서도,

'사생아'는 스스로가 '음모'의 배후 또는 오페레타 부파의 발주자이자 각본가라는 중심인물이면서도, 의붓형이나 작곡가 곁에서 그다지 눈에 띄지 않게 머무는, '위치의 애매함'을 특징으로 하고 있다. 하지만 그와 동시에 드 모르니나 드 생 레미라는 자못 프랑스적인 이름이 의붓형이나 작곡가의 비非프랑스적인 이름 옆에 놓임으로써, 텍스트의 정통성을 형식적으로 보증하는 기능을 담당하기도 한다. 다만 필명은 말할 것도 없고, 드 모르니만 해도 날조된 이름에 지나지 않기에, 당연히 그 프랑스적 정통성이 실체를 갖진 않는다.

하스미에 의하면, 『루이 보나파르트의 브뤼메르 18일』에서 마르크스가 루이 나폴레옹의 쿠데타를 '소극farce'으로서의 '반복'이라고 파악한 것은 정확성을 결여하고 있으며, 여기서 문제가 되는 장르는 소극이 아닌 오페레타 부파이다. 게다가 이는 "아직 상연되지도 않은 작품을 그것이 쓰이기 정확히 10년 전에 이미 실연해버린 것"이다.

『제국의 음모』라고 하는 이 우아한 책은 이렇게 그 결말에 당도한다. "정치적인 것이어야 할 권력 탈취를 비심각화함으로써 실현되는 정치성의 냉소적이고 낙천적인 승리"(115쪽) "역사적으로 조금도 본질적으로 여기기 어려운 것들을 형태 짓는 냉소적인 역사성"(116쪽)과 같이, 애매하고 희박하기 때문에 '사생아'적인 것으로 간주되기 쉬운 냉소적인 이 '현실'을 반복해 확인하면서 말이다.

이 책은 원래 3년 전쯤에 출간하기로 했는데, 이런저런 차질이 생겨 이제야 나오게 되었다. 그사이에 내가 앞에서 '본편'이라고 부른 『범용한 예술가의 초상』이 국내에 선을 보이게 되어, 본편은 보여주지 않고 '예고편'만 보여주는 것 아니냐는 소리를 듣지 않게 된 건 다행이라고 생각한다(물론 어느 것이 본편이고 어느 것이 자매편/예고편인지는 온전히 독자가 판단할 몫이다). 오랜 기간 고생한 김현주 님에게 감사를 전한다.

임재철